THEA

Dorothea Stockmar

THEA

Große Weite Innen

mit
Tuschzeichnungen
von
Cornelia Nagel

querbeet

Altes und Neues
Zufall und Weg
Das Ziel ist der Augenblick

CORNELIA NAGEL

Es ist nicht nötig, etwas zu erfinden,
da das Leben selbst mit einer nicht zu übertreffenden
Erfindungsgabe ausgestattet ist.
Einer Gabe, die es uns erlaubt, uns immer wieder neu finden,
neu erfinden zu können. Und sei es im Angesicht
des eigenen Spiegelbildes.

DOROTHEA STOCKMAR

Worte zum Geleit

Die Autorin, Dorothea Stockmar, betrachtet den Verlauf ihres Lebens. Anfang, Ende, alles bisher Erlebte. Wo ist der Sinn in allem was sie erlebte, in dem was ihr Leben ausmacht? Wo ist der Sinn in all den Brüchen und Umbrüchen? Ist alles nur schwer, unbegreiflich, un-er-träglich? Kaum oder gar nicht zu tragen, zu ertragen. Wo ist der Sinn?

Dorothea macht sich auf – auf die wohl größte Reise ihres Lebens – die Reise zu sich selbst, in ihr zutiefst eigenes und unverwechselbares Inneres. Auf dieser Reise betrachtet sie alles Geschehene und Gefühlte von außen. Durch die Distanz in ihrer Betrachtung erfährt sie Deutung. Wie durch einen Spiegel sieht sie ihr Leben in einem neuen Licht und erfährt dabei, dass nicht die Zeit entscheidend ist. Gibt es überhaupt eine Zeit? Wir versuchen doch, alles in bestimmte Zeiten zu ordnen. Aber Dorothea erlebt etwas ganz anderes! Zeit wird völlig unbedeutend. Bedeutend sind Begegnungen, die das Leben uns schenkt. Dem Leben in unserem Bewusstsein und dem Leben, das sich unserem Bewusstsein entzieht oder noch verschließt.

Dorothea entdeckt: alles ist schon da, alles ist bereits angelegt. So wie in dem Kirschzweig von Nathans Baum. Abgebrochen von seinem Stamm und damit abgebrochen vom Lebenssaft – mitten im Winter. Aber es lohnt sich genau zu schauen! Die Knospen für das neue Leben sind nämlich bereits angelegt. In ihnen ist alles vorbereitet und vorhanden: Leben, Blüte und Frucht. Das Alte erstirbt und gibt damit Neuem Raum. Das Alte gibt sein Inneres weiter. Es lebt weiter in allem Neuen. Uns bleibt genau hinzusehen, die Zeichen aufzunehmen, zu erkennen. Uns in den Lebenskreis einzuschließen. Es ist die Sinnfrage, die Philosophie des Lebens.

Dorothea ist am vorläufigen Ziel ihrer langen Reise angekommen – bei sich selbst. Sie erlebt: große Weite – innen! Und damit verankert sich die Gewissheit in ihr: Die Liebe bleibt! Über den irdischen Tod und über jeden Verlust hinaus! Danke Dorothea, für deine Reise, für die Fülle deiner Gedanken!

Katharina Marwede

Im Anfänglichen verläuft keine Spur

Ein Leben voller Wunder liegt vor jeder Kunst, vor jedem Wort. Wer könnte da suchen? Thea liebte den Zauber des Anfangs. Ob sie malte, schrieb, zum ersten Mal die Trommel schlug, wann immer sie die Spur eines Gedankens, einer Idee aufgriff, erlebte sie die Anfänglichkeit dieses Seins. Eines Seins, das sich so tief in ihr Herz eingegraben hatte, dass kein noch so ungeschminktes Spiegelbild es aus ihr herauszulocken vermochte. Es sei denn, sie verfiel wieder mal in ein meditatives Malen. Ein Malen aus dem heraus Bilder, wie das vom Pferd mit dem Titel „paradiesisch“ entstanden.

Dieses Bild, als Spiegelbild ihrer Seele, war ihr besonders ans Herz gewachsen. Stellt es doch ein in sich ruhendes Lebewesen dar, das in einer Landschaft aus unausrottbarer Wildnis aufzugehen scheint. Vor so einem Bild konnte Thea, ähnlich wie vor ihrem vertrauten Spiegelbild verweilen, ohne je den Wunsch zu verspüren, es restlos verstehen zu müssen. Wie das Fallen eines Blattes im Herbst.

Ein Fallen ohne Wenn und Aber. Deutungsversuche blieben bedeutungslos. Es sei denn, das Fallen deutete auf den Rückzug eines Lebens. Wie damals, als mit dem frühen Tod von Nathan, ihrem jüngsten Kind, der Baum in ihrem Garten gleich alle Blätter auf einmal verlor. Es war eine Leere, die sich mit nichts vergleichen ließ. Nichts war mehr, wie es einmal war. Rot war nicht mehr Rot. Grün nicht mehr Grün. Als hätten sich alle Farben verschoben und sie müsse lernen, neu zu sehen. Mit anderen Sinnen wahrnehmen, was geschehen war. Alles schien wie ver-rückt.

Als schlüge jemand das Buch ihres gemeinsamen Lebens zu, bevor sie es zu Ende gelesen hatte. Rückwärtig in diesem Buch lesend hatte sie den Eindruck an der Stelle angekommen zu sein, die sie am liebsten überblättert hätte. Doch es war zu spät. Hier, im Buch ihres Lebens, war schwarz auf weiß zu lesen, was geschehen war.

Es war an einem 1. November,
Allerheiligen, gegen Mittag.
Thea war gerade von einer
Abschiedsfeier zurückgekehrt.
Alex, ihr Mann, fuhr noch mal
kurz zum Flaschencontainer
das Leergut entsorgen, während
sie damit beschäftigt war einen
Blumenstrauß, den sie für
ihre 15-jährige ehrenamtliche
Hospiztätigkeit erhalten hatte,
in eine Vase zu bugsieren. Im
Flur stehend fiel ihr Blick auf
die Haustür, eine Glastür, vor
der sich drei schwarz gekleidete
Männer eingefunden hatten. Einer
von ihnen war gerade dabei den

Klingelknopf zu betätigen. Sie wollte es erst nicht wahr haben, denn unter den Männern befand sich der Pastor ihrer Gemeinde, den Rucksack von Nathan in der Hand haltend.
In diesem Moment brach für Thea eine Welt zusammen. Unwillkürlich ließ sie den Blumenstrauß fallen, lief ins Wohnzimmer, schnappte sich ein Couchkissen, das sie sich vor die Brust klemmte. Das Kissen wie ein Schutzschild vor sich hertragend begab sich Thea zur Haustür, wo noch immer die drei Männer darauf warteten, hereingelassen zu werden.

In ihren Gedanken ergab sich folgendes: „Wenn ich diese Männer nicht hereinlasse, dann ist das alles nicht wahr." Und so zögerte sie für einige Sekunden wie ein Kind, das sich die Augen zu hält, um etwas auszublenden. Was geschah dann?

Natürlich musste Thea die Tür öffnen und mit dem Eintreten der drei Männer, das sie wie einen Überfall empfand, schrie sie immer nur: „Nein, nein!" Worauf der Pastor nur „Ja!" zu sagen brauchte. Das war das Wort, das Thea die Gewissheit gab, dass das Fürchterlichste, was sie sich

je in ihrem Leben hätte vorstellen
können, geschehen war.

Sie hätte alles, aber auch alles gegeben, um dies nicht erleben zu müssen. Es kam ihr vor, als wäre mit ihrem Kind auch etwas in ihr gestorben. Als würde sich mit seinem Tod das Sein im Sein auflösen.

Immer und nie wieder

Tief in ihrem Inneren empfindet sie noch immer den Schmerz von damals, als der Pastor und die Polizisten vor ihrer Tür standen und die Todesnachricht überbrachten. Man glaubt zu leben, bis man erfährt, wie das eigene Kind vor einem geht und nie wieder zurückkehrt. Fort – immer und nie wieder – unbegreiflich! Zukunft, Vergangenheit und Gegenwart aufgehoben in einem Gefühl von absoluter Leere. Es kam ihr vor, als bewege sie sich in einer anderen Zeit. Sie wollte aufstehen und konnte es nicht. Wollte sich setzen und konnte es nicht. Ein ganzes Leben eingefroren in einem Moment. Als ob alles Leben in ihr zum Stillstand gekommen wäre. Nichts hatte mehr Gültigkeit. Etwas in ihr war gerissen. Das Band zu ihrem Kind. Sie musste und wollte es neu knüpfen!

Offen lag es vor ihr, das Netz aus Gelebtem und Geliebtem. Unzählige Anknüpfungsmomente an glückliche Zeiten. Damals, als sie Nathan zum ersten Mal in den Armen halten durfte. Dann, die ersten Schritte, voller Neugier und Entdeckungslust. Bis hin zu seinem jugendlichen Erwachen und all dem Blödsinn, den er verzapfte. Bis er kam, der endgültige Abschied, der sie wie ein Blitz aus heiterem Himmel traf. Ihrem Mann Alex, den Töchtern und ihr förmlich den Boden unter den Füßen entriss. Sie sah sich einem Abgrund gegenüber. Kein Bild, keine Szene ihres bisher gelebten Lebens, nichts was dieser Ohnmacht nah gekommen wäre. Alles kam ihr sinnentleert und fremd vor.

Dabei schien noch vor kurzem für Thea alles zur rechten Zeit gekommen zu sein. Beruf, Familie. Kinder, die bereits auf eigenen Beinen standen. Ein Hobby, das sie mehr als ausfüllte und dazu geführt hatte, dass sie immer häufiger eingeladen wurde, das auszustellen, was sie in einem Anflug von Spontaneität und Einfühlungsgabe zu Papier oder auf die Leinwand gebracht hatte. Mal mehr, mal weniger dick aufgetragen. Man hätte meinen können Thea sei, reif an Jahren, dort angekommen, wo sie schon immer ankommen wollte, bei sich selbst. Ohne Umschweife bei sich selbst angekommen zu sein, erschien ihr wie ein Treffer beim Lotto. Bingo, einfach so, einige Mosaiksteinchen ihres Lebens, wie ein paar Zahlen, mehr oder weniger zufällig, zusammengewürfelt zu einem Volltreffer.

Ihr Gesicht im Spiegel betrachtend versuchte sie sich vorzustellen, wie es wäre, sich nicht als Thea, sondern als die, die sie vor ihrer Geburt gewesen war, wieder zu finden. Als unbeschriebenes, oder zumindest nicht so voll geschriebenes Blatt. Weiß, rein, ohne all die vielen Faltungen ihrer Erinnerungen, die sie zuweilen wie ein zu dick aufgetragenes Make-up aus ihrem Gesicht zu wischen wünschte. Abgetupft, abgetragen, die unterschiedlichen Schichtungen ihres Lebens. Sie fragte sich, ob ihr Leben, mit all seinen Höhen und Tiefen, so und nicht anders verlaufen wäre, wenn sie sich nicht eines Tages entschieden hätte, die zu werden, für die sie sich zu werden entschieden hatte: Dorothea Marsen, genannt Thea.

Wer führt Regie?

Thea war wie von Sinnen, während sie sich auf Sinnsuche begab. Sie fragte sich, was aus ihrem Sohn geworden wäre, wenn das Unglück damals vor sechs Jahren nicht passiert wäre. Ihr Inneres wusste es bereits. Er wäre nicht der, für den ihn viele noch immer halten. Nicht nur äußerlich, auch innerlich wäre er ein anderer geworden. Immer wieder fragte sie nach dem, der in diesem verrückten Spiel Regie führt. Der dies alles zu verantworten hatte. Die Antwort gab ihr einzig und allein ihr Herz und das schwieg. Und so saß sie schweigend vor dem Buch ihres Lebens, immer wieder darin lesend. Mit der Hoffnung, irgendwann einmal begreifen zu können was geschehen war.

Vorsichtig Strähne um Strähne ihres leicht blondierten Haares von einer auf die andere Seite befördernd fragte sie sich, was bleibt, wenn all die vielen Vorstellungen ihrer selbst von ihr abfielen? Sie tauchte tiefer ein in die Lebensfragen einer Frau, die es sich zur Aufgabe gemacht hatte, ihr eigenes Spiegelbild wie eine Projektionsfläche zu betrachten. Eine Bildfläche, auf der sich Gefühle und Gedanken, wie auf einem empfindlichen Filmträger ablichten ließen. Würde sie sich in den vielen Gesichtern, Bildern und Geschichten, die ihr Leben geschrieben hatte wieder finden? Dies war eine Frage, die sie nicht mehr los ließ. Und so verweilte sie von Stund an länger vor ihrem Spiegelbild. Einem Bild, das sich zunehmend zu einem zweiten Ich entwickelte.

Seit die drei Männer in Schwarz in ihr Leben getreten waren, den Rucksack ihres Sohnes als *Todespfand* in der Hand haltend, traute sie der Wirklichkeit nicht mehr über den Weg. Vieles hatte sich geändert, damals, als sie lernen musste, mit anderen Augen zu sehen. Was sie erlebt, erfühlt und erlitten hatte, ließ sie wie ein Meer aus eingespeisten Gedanken und Gefühlen in ihr Tagebuch münden. Erinnerungen, verdichtet zu schweren und manchmal auch zu leicht empfundenen Worten. Worte, die Thea wie auf der

Festplatte ihres Lebens tanzen sah. Sie rief sie nacheinander ab, all die eingeschriebenen Zeichen. Denn sie wollte jedes einzelne Zeichen beachten. Offen bleiben für die Frage, die ihr das Leben von neuem stellte: Was bedeutet es, tot sein? Tot zu sein hieß für Thea, in der Zukunft zu sein.

Da man ihr und ihrem Mann nach dem schrecklichen Unfall den Zutritt zu ihrem toten Kind verwehrt hatte, suchte sie ihn fortan auf andere Weise. Weder an Raum noch an Zeit gebunden erschien ihr der in die Zukunft Geschiedene in seiner Allgegenwärtigkeit nah und fern zugleich. Er sah sie an mit leerem Blick, aus Augen von denen niemand weiß, was sie zuletzt gesehen.

„Nathan ist tot und er weiß es nicht mal", waren die ersten zusammengesetzten Worte, die Thea stammelte, nachdem sie in Kürze erfahren hatte, was damals auf dem Bahnhof in Marsberg geschehen war. Noch immer konnte sie es nicht verstehen. Doch eines schien ihr einleuchtender denn je: Wir bekommen unseren Körper nur für eine begrenzte Zeit geliehen. Alles war und ist Übergang.

Er, der nicht mehr ist,
ein Leib aus Äther und Licht,
ich find ihn in mir, sonst nicht.

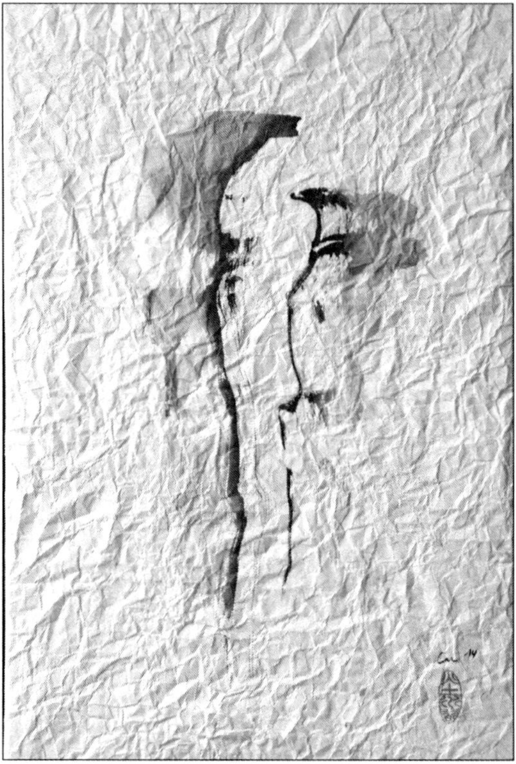

Der Schein trügt

Dass das Tun und Lassen hier auf Erden über den Tod hinaus einen Sinn haben müsse, hatte sie sich eingeredet, um schier nicht verzweifeln zu müssen. Vieles zeigte sich ihr in einem anderen Licht. Sie erlebte es wie einen Tanz im Kosmos der Vergänglichkeit und Neuwerdung. Was war, sollte sein. Was sein sollte, war bereits gewesen. Ganz deutlich vernahm sie die Botschaft, welche ihr in Traumesnähe zu Teil wurde: Der Geist ist es, der die materielle Welt erschafft. Aus diesem Geist geboren, sind wir alle Kinder einer anderen Welt. Bezogen auf jene, für Thea noch immer unbegreifliche Welt, wollte und konnte sie nur eine Grenzgängerin sein.

Dennoch gab es eine Stimme in ihr, die sie ermahnte, das sichere Ufer nicht zu verlassen. Denn verließe sie dieses, so gäbe es kein Zurück. So wie es für Nathan damals auf dem Bahnhof kein Zurück gegeben hat.

Nathan befand sich am Morgen
des 1. November gegen 7 Uhr
früh auf dem Bahnsteig in
Marsberg. Ein Passant aus dem
200 Meter entfernten Parkhaus
hatte beobachtet, wie ein junger
Mann, auf dem Bahnsteig mit
einer schier unbegreiflichen
Wucht von einem durchfahrenden,
schwer beladenen Güterzug wie
in einem Sog erfasst und in den
Tod gerissen wurde. Tinka, die
Schwester, hatte kurz nach dem
Unfall einen Traum. Im Traum gab
ihr der Bruder zu verstehen was
geschehen war: „Ich ging noch

mal zurück, da ich mein Handy vermisste. Habe nicht aufgepasst. Dann kam der Güterzug. Im gleichen Moment erschien ein Engel, der mich mitnahm.“

Nie würde Thea vergessen, wie sie mit ihren beiden erwachsenen Töchtern, Ella und Tinka, eine lange Zeit Spuren suchend in Nathans Zimmer verbrachte. Tinka saß schweigend an Nathans Schreibtisch, das Schlüsselbund befühlend, welches seinen tödlichen Unfall unbeschadet überstanden hatte. Ella stand vor dem geöffneten Kleiderschrank ihres Bruders, den Geruch seiner Anziehsachen aufnehmend. Während Thea auf Nathans Bett saß und Isa, die Katze, streichelte.

Sie fragten sich, wie es zu diesem Unfall kommen konnte. Doch es gab keine eindeutigen Erklärungen. Nur soviel, dass Nathan, wie sich später herausstellte, sein Handy auf dem Bahnsteig gesucht hatte und dabei wohl zu dicht an die Bahnsteigkante herangetreten sein muss. Es gab Überlegungen, die Familie Marsen noch lange beschäftigten: War Nathan im Augenblick des Eintreffens des Zuges bereits tot? Ein Aneurysma die Todesursache? Eine Ohnmacht der Grund für sein Fallen? Nach Ansicht eines Anwohners könnte er den auf dem Nebengleis einfahrenden Güterzug überhört haben. Wie man ihnen später versicherte, ist in solchen Fällen die Ansage aus den Lautsprechern kaum zu verstehen.

Ein Fall für die Bahn? Tinka griff dies auf und verfasste einen Brief an den Lokführer. Der Brief blieb unbeantwortet. Doch wie ein Polizeibeamter bestätigte, gab es die Gewissheit, dass Nathan von allem nicht viel mitbekommen haben kann. Dafür ging alles viel zu schnell. So blieb Thea und ihrer Familie nichts anderes übrig, als in einem Wechselbad der Gefühle all die bohrenden Fragen nach dem Wie und Warum in ein sich langsam anbahnendes Wozu zu überführen.

„Wo der Schmerz am größten ist, ist auch die Liebe am größten", hatte Thea irgendwann einmal kurz entschlossen von sich gegeben. Bei ihr zeigte sich der Schmerz dort, wo sie Nathan, ihren verstorbenen Sohn, zum ersten Mal gefühlt hatte, unter ihrem Herzen.

unter meinem Herzen
trug ich dich
trag ich dich
noch heute
so lange ich lebe

Frühe Einsicht

„Du darfst noch nicht sterben. Wir haben doch noch so viel vor", waren Worte, die Thea sich sagen hörte, damals als Alex zusammengebrochen war und sie auf den Notarzt warteten. Und dann, keine drei Jahre später, kam das Leben mit ihm, Nathan, dem dritten Kind. Thea sollte noch einmal Mutter werden und ein Leben als zeitliche Leihgabe von, sage und schreibe, siebzehn Jahren erfahren. War das die Aufgabe, die Familie Marsen damals gestellt bekam? Ein Leben als geschenkte Zeit anzunehmen?

Was der Verstand nicht zu verstehen vermag, erfährt im Herzen eines Menschen erst die volle Einsicht. Ein Ahnen, ein vages Ertasten aus einer leuchtenden Ecke ihres Bewusstseins. Lichtstrahl aus einer anderen Welt. Wie konnte sie ihn einfangen? Auf der Suche nach Vergleichbarem drängten sich Thea Bilder auf:

Ein Rechner auf Stand-by belassen,
bereit die Botschaft zu empfangen
oder ein flüchtiger Fingerzeig auf
der Motorhaube, eine im Morgentau
eingeschriebene Nachricht. Thea
wollte sie lesen. Schnell, bevor sie
sich im Dunstkreis ihres flüchtigen
Erscheinens auflöst. Wie im Bild
des Engels. Sie hatte es wenige
Tage vor Nathans Tod gemalt.

Er war schon da, der Todesengel. Erhabenen Hauptes schritt er über ein Gräberfeld. Ein Feld eines neuen Bewusstseins? Sie nannte es *Vorahnung*. Denn es gab etwas in ihr, das bereits wusste. Von Anbeginn. Dass hinter unserer irdischen Existenz ein tiefes, unumstößliches Dasein schlummert. Und der Tod nur der Horizont ist, hinter dem ein anderes, ein neues Bewusstsein aufscheint.

Mit dem Blick auf das Verlorene verändert ist alles. Ihr Blick fiel auf eine Baumkrone. Ein Ast fehlte, war heraus gebrochen. Wie das Leben ihres Kindes. Aus der Mitte ihres Lebens gerissen. Für Thea sollte sich mit diesem Bild eine neue Sicht ergeben. Als würde mit dem unwiederbringlichen Verlust der Blick frei gegeben für ein anderes Dasein, in dem sich Schmerz in Liebe verwandelt. Wie bei einer Geburt, Wehe für Wehe, ließ sie sich tragen. Erwacht an der Schwelle eines anderen Seins, jenseits allen irdischen Verstehens. Frei von Zeit und Raum.

Wenn einst in lichtem Morgenweh'n,
das Tor der Zeit geöffnet himmelwärts,
wenn Dinge welche endlich uns umkreisen,
sich neigen einem offnen Ohr,
führt Liebe uns zu neuem Sein.

Woher kamen all die Bilder und Worte? Wer hatte sie ihr ins Bewusstsein gemalt, ins Bewusstsein geschrieben? Sie wusste es nicht. Dennoch hörte sie nicht auf, Nacht um Nacht und Tag um Tag, das in ihr Tagebuch und auf die Leinwand einfließen zu lassen, was förmlich aus ihr heraus floss. So unbegreiflich es ihr schien, in allem was sie tat, um ihrer Trauer einen Ausdruck zu geben, blieb ihr Nathan, wenn auch in einem anderen Licht, nah.

Immer und nie wieder,
überall seh' ich Dich,
in Zeichen, Bildern und Gesten.
Was bleibt mir denn, als zu glauben,
dass Du es bist, der noch in tiefem Schweigen,
ganz deutlich zu mir spricht.

Vom Tragen und Ertragen des Schicksals

Vieles hatte sich verändert, seit Nathans Tod. Es schien ihr, als hätten die Uhren anders zu ticken begonnen. Kein wiederholendes tick tick mehr, sondern ein entschiedenes *tack*. So als hätte eine andere Zeitrechnung begonnen. Im Leben der Marsens gab es entweder eine Zeit vor oder nach Nathans Tod. Die Zeit bevor die drei Männer in Schwarz vor der Tür standen und die Zeit danach. Wie sollte es auch anders sein, denn es gab den Sohn, der einst den Platz neben dem Vater ausfüllte, nicht mehr. Der Stuhl von Nathan war und blieb leer. Alex hatte seinen männlichen Gesprächspartner verloren.

Immer wieder hieß es: „Wer übernimmt die Aufgaben von Nathan?" Banale Fragen wie: „Wer räumt heute den Geschirrspüler aus?" Es ging sogar so weit, dass Alex und Thea Morgen für Morgen und Abend für Abend stellvertretend für ihren Sohn die Gardine in seinem Zimmer auf- und zu zogen.

Sein Bett brauchten sie nicht mehr zu machen. Dort hatte sich Isa, die Hauskatze der Marens eingenistet. Allabendlich rollte sie sich auf Nathans Bett zusammen und gab schnurrend zu verstehen, was sie von allem hielt. Sagt man Katzen nicht nach, sie seien Meister im Erspüren von Stimmungen? Isa hatte das Gespür eines Haus- und Hofwächters, der zwar kein Alarm schlug, doch deutlich zu erkennen gab, wenn etwas nicht stimmte. Ihre Starre verriet, dass im Hause Marsen etwas zum Stillstand gekommen war. Was das für Thea zu bedeuten hatte, wurde ihr sogleich bewusst. Sie musste handeln. Wenn sie verhindern wollte, dass alles um sie herum in Erstarrung verfiel, musste sie etwas in Bewegung setzen.

Doch was sollte sie tun? Fühlte sie sich doch selber wie erstarrt. Wie damals als Kind im Alter von fünf Jahren. Als man sie nach dem plötzlichen Tod des Vaters und der schweren Krankheit der Mutter allein zu Pflegeeltern nach Norwegen verschickte. Früh hatte sie gelernt, was es heißt, nicht die richtigen Worte zu haben.

Ihre Mutter hatte ihr aufgetragen, das Perlonkleid, das sich in ihrem Koffer befand, auf keinen Fall bügeln zu lassen. Was hat sie damals gekämpft, in einer Sprache, die niemand verstand. Verstockt muss sie gewirkt haben, da sie das Kleid partout nicht aus der Hand geben wollte.

Am liebsten wäre sie davon gelaufen. Doch in der Weite, nördlich des Polarkreises, blieb ihr nichts anderes übrig, als mit einer Puppe vorlieb zu nehmen. Auf diese Puppe, die man ihr in den Arm drückte, hatte sie so fürchterlich und wortgewaltig eingeredet, dass allen Beteiligten Hören und Sehen verging. Danach war alles wie verwandelt.

Heute bezeichnet Thea diese vier Monate in Norwegen als eine der glücklichsten Zeiten ihrer Kindheit. Und falls das Paradies tatsächlich ein Ort wie auf Erden sein sollte, so befindet sich dieser nach Theas Worten in der großen Weite einer norwegischen Fjordlandschaft. Paradiesisch war und ist für Thea gleichbedeutend mit *nor*-weg-*isch*. Mit der Betonung auf den unverwechselbaren Weg, den nur sie gehen konnte.

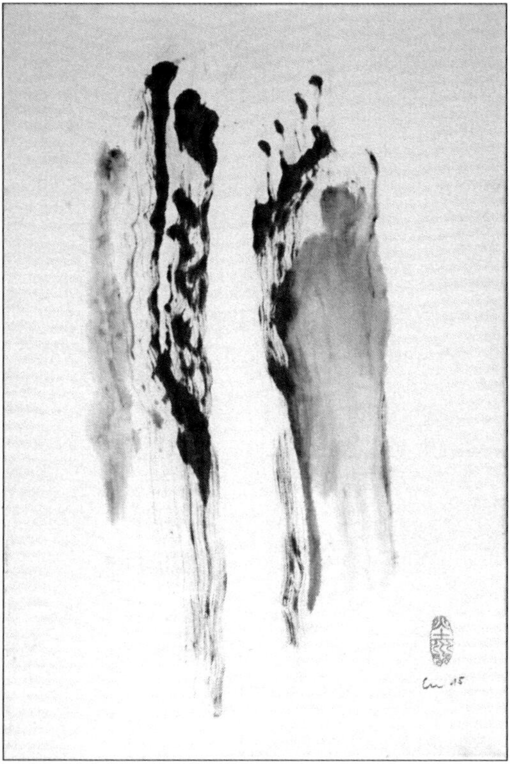

Die Sprache der Trauer

Wie damals vor vielen Jahren in Norwegen war Thea bereit, sich für eine neue Sprache zu öffnen. Diesmal war es die Sprache der Trauer. Keine besondere Sprache, denn die Sprache der Trauer erschien Thea, wie sie immer wieder feststellte, verkürzt, vereinfacht, abgehackt und bei Weitem nicht geeignet, literarisch verwertet zu werden. Wer möchte schon etwas lesen, in der Sprache einer Trauernden?

Trauernde sind oft nicht bei der Sache und die, die keinen Verlust erlitten haben, froh, nicht mit Trauer in Berührung gebracht zu werden. Und so entsteht eine Kluft zwischen denen die trauern und denen, die nicht trauern. Wer sich traut diese zu überwinden, wird zuweilen wie ein Held gefeiert. Doch Thea wollte nicht als Heldin gefeiert werden. Auch wenn sie in ihren Büchern, die sie im Zuge ihrer Trauerverarbeitung geschrieben hatte, einen anderen Ton anschlug. Ein Held konnte in ihren Augen nur der sein, der eine schwierige Aufgabe gelöst hatte.

Den Mut, sich ihrer eigenen Trauer zu stellen, hatte Thea durch all die vielen Jahre, in denen sie Trauernde begleitet hatte, in sich wachsen lassen. Fünfzehn Jahre ehrenamtliche Tätigkeit in der Hospizbewegung und ein Arbeitseinsatz in einem buddhistischen Hospiz in Japan waren nicht spurlos an ihr vorüber gegangen. Nun erlebte sie Vieles wie in einem Tausch der Rollen. Sie war dankbar für jeden, der ihr nicht auswich, sich nicht wegduckte. Zuhörte, wenn sie wieder einmal über all ihre Verluste sprach.

Für Thea war sowohl die kindliche Trauer um den Vater, den sie mit drei Jahren verloren hatte, als auch die mütterliche Trauer um ihren Sohn nach sechs Jahren noch nicht bewältigt. „Warum trauerst du noch immer“, fragte sie jemand. „Dein Sohn ist doch schon so viele Jahre tot?“ Worauf Thea nur zu sagen wusste: „Wie sollte ich nicht trauern? Schließlich ist mein Sohn nach sechs Jahren noch immer tot.“ Auf der Suche nach dem Verlorenen verdichtete sie ihre Gedanken und Gefühle. Indem sie sich in die Tiefe ihrer Trauer wie beim Bearbeiten eines Marmorblocks vorwagte, eröffneten sich ihr neue Wege. Es gab Momente, die waren zum Steinerweichen.

Ruhend wie Steine
Eingebettet in Liebe
Die Trauer um dich.

Ein Fluss aus Tränen
Sonne hinter den Bergen
Ich hör dein Lachen.

Zaghafte Schritte
Brücke zur anderen Welt
Ein Stern funkelt zart.

Wie der Baum die Frucht, so trägt der Tod bereits den Keim der Wandlung in sich. Etwas in Thea hatte sich gelöst. Etwas, das bereit war zu werden, was wir alle einmal waren: Zeitlos, raumlos, frei.

Zaghafte Schritte

Jeder Mensch, der einen Verlust erlitten hat, ist ein Suchender, der sich mehr oder weniger bewusst auf die Suche nach dem Verlorenen begibt. Schritt für Schritt, im Wandel ihrer Trauer, suchte auch Thea nach Ausdrucksmöglichkeiten. Neben Getöpfertem, in Stein Gehauenem und Gemaltem entstanden Wortsplitter. Denn es blieb ihr nichts anderes übrig, als das, was sie nicht in Worte zu fassen vermochte, anderweitig zum Ausdruck zu bringen.

Sie fügte zusammen, wonach sie in ihrem Leben nicht mehr greifen konnte. Ermalte sich ein Trauerhaus, in das sie unmöbliert einzog, um es vor ihrem Auszug von neuem zu übermalen. Schlug aus einem undurchdringlich erscheinenden Steinblock heraus, was sie in ihrer Trauer schmerzte.

nicht gesehen
nicht gefühlt
ein Teil von Dir
eingemeißelt in einen Stein
griechischer Marmor

so kalt und doch so warm
wo fängst Du an
wo hörst Du auf
in meiner Trauer
ohne Anfang ohne Ende
neu

Seiner Spur wollte sie folgen. Er führte sie in ein anderes Dasein. Dort durfte sie noch einmal das Glück vergangener Zeiten atmen. Die Sehnsucht nach ihrem verstorbenen Kind führte sie in die entlegensten Räume ihres selbst gezimmerten Trauerhauses. Schließlich war alles noch so unbegreiflich nah. Zunächst waren es ganz alltägliche Dinge, die ihre Aufmerksamkeit weckten. Da waren Nathans Schuhe am Eingang. Sein Schlüsselbund, das der Unfall unbeschadet überstanden hatte. Ein aufgeschlagenes Buch neben seinem Bett. Seine noch immer eingespeicherte Handynummer. Ein Lied, das er oft auf dem Klavier gespielt hatte. Haare, die sie noch nach Wochen in seiner Haarbürste fand.

In dem unerträglichsten Moment ihres Lebens suchte sie nach Tragbarem. Als Thea ihren Kleiderschrank öffnete, fand sie all die vielen Kleider der Trauer, die sie vor vielen Jahren als Möglichkeit einer Trauerverarbeitung zusammengestellt hatte. Es waren Kleider als Ausdruck für Hoffnungslosigkeit, Verzweiflung, Zerrissenheit. Aber auch Kleider, die aufrichteten. Mut machten, die Botschaft der Trauer in die Welt zu tragen. Sie nahm Tuchfühlung mit all den unterschiedlichsten Materialien auf.

Von einigen Kleidern fühlte sie sich regelrecht *angezogen*. Sie zog sie alle an – eins nach dem anderen. Einige sogar übereinander. Denn sie wollte erfühlen, wie es ist, in Trauer zu gehen.

Das Kleid der Trauer

Das Kleid der Trauer macht nicht schlank,
es macht glaubwürdig.
Es macht nicht groß, sondern großherzig.
Es ist ein Kleid für den Rückzug.

Ohne zu verdecken verhüllt es,
gibt preis ohne preisgegeben zu werden.
Noch im Rückzug erlaubt es Einblick,
wo Offenbarung gut tut,
lässt den, der es zu tragen weiß
in einem neuen Licht erscheinen.

Das Kleid der Trauer ermöglicht Besitz
ohne besessen zu werden,
lässt Sein ohne Haben zu,
denn es ist immateriell,
aus einem Stoff, der sich nicht erschöpft.

Thea fragte sich, wem sie sich überhaupt in ihrer Trauer unverhüllt zeigen konnte. Ihrer Familie? Die trauerte nicht anders als sie. Den Hospizmitarbeitern und Mitarbeiterinnen? Die kannten Trauer schon zu genüge. Ihrer Mutter? Die war schon lange tot. Ihren Freunden und Bekannten? Die hatten bereits genug mitbekommen und flüchteten zuweilen schon, wenn sie Thea von weitem kommen sahen. Oft blieb Thea mit ihrer Trauer allein. Dabei fragte sie sich: Wer oder was Trauer sei? Für Thea war und blieb Trauer eine Frau und die trägt ein schwarzes Kleid. „Wie begegnet man einer solchen Frau?“, wollten einige gute Freunde wissen. „Ganz normal“ entgegnete Thea mit einem zarten Lächeln. „Ihr geht einfach auf sie zu und begrüßt sie.“ Thea war es mittlerweile gewohnt, auf die Trauer, wie auf ihr Spiegelbild zuzugehen. Sie begrüßte sie wie eine gute alte Bekannte. Gelegentlich erzählte ihr Thea von ihrem Leben mit Nathan. In solchen Momenten ging eine gewisse Wärme und Innigkeit von der Schwarzgekleideten aus.

Doch gab es auch Momente, in denen eine gewisse Kälte und Starre von der Trauer ausging. Dann blieb Thea nichts anderes übrig, als selbst in Starre zu verfallen. Und das empfand sie sogar als angemessen. Schließlich brauchte sie sich in solchen Momenten nicht mit bohrenden Fragen und stechenden Zweifeln auseinander zu setzen. Weder Schmerz noch Freude waren dann in ihrem Spiegelbild zu lesen. Sie tauchte ein in das Gefühl des Nichtempfindens. Thea erlebte es wie Urlaub von sich Selbst.

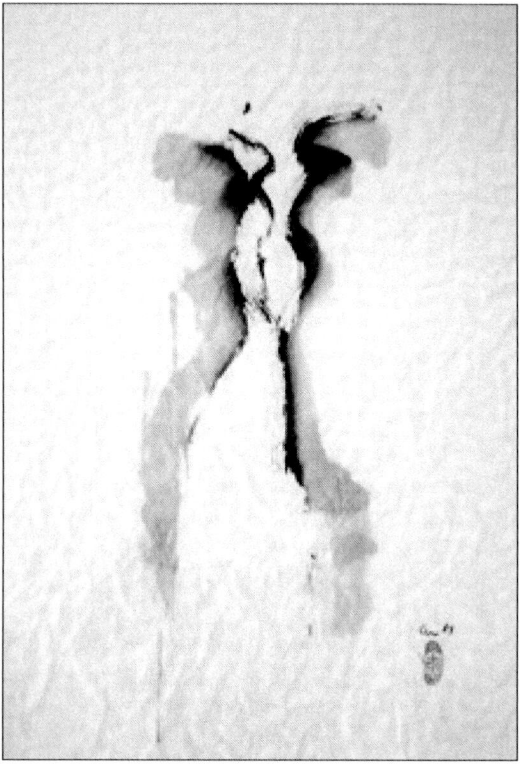

Im Boot

Was macht man, wenn man morgens um vier aufwacht, sich im Bett herumwälzt und keinen Schlaf findet? Wenn der Blick in den Spiegel verrät: „Es ist zu früh. So überstehst du den Tag nie.“ Da hilft kein Make-up. Im Gegenteil, da muss was weg. In solchen Momenten wusste Thea, was sie zu tun hatte. Sie zog sich eine bequeme Hose an. Pulli darüber. Schnell ein paar Spritzer Wasser ins Gesicht gebracht, damit sie die Augen aufbekam und ab ging es zum Fluss. Kein aufregender Fluss. Eher ein ruhig dahin plätschernder Wasserlauf, der sich an satten Wiesen und abgemähten Feldern vorbeischlängelt. Bis hin zu einem Wehr.

Schon oft war sie in ein Boot gestiegen und hatte mit allem was zum Rudern gehört abgelegt. In der Natur, nah dem Wasser, fand Thea das, wonach sie sich sehnte, Ruhe und Zurückgezogenheit. Eine Ruhe, die ihr das Gefühl gab, für eine gewisse Zeit ihrer Trauer enthoben zu sein. Die ausholenden, raumgreifenden Ruderbewegungen brachten sie weiter, als sie es je für möglich gehalten hatte. Bewegungen, durch die sie nach und nach erfuhr, dass es etwas gab, das trägt. Etwas, das sie selbst in die Hand nehmen konnte, ohne Angst im Strom der Trauer unterzugehen.

Sie musste sich nicht einmal am Riemen reißen. Abgerückt vom täglichen Einerlei, brauchte sie sich zuweilen einfach nur treiben zu lassen. Auf morgendlichen Gewässern erlebte sie die Einheit von Mensch und Natur. Auf sich geworfen im Boot sitzend, sah vieles ganz anders aus. Dort konnte sie selbst bestimmen, wogegen sie anrudern wollte und wogegen nicht.

Nicht selten ließ sie sich zum Ausgangspunkt ihrer Trauer zurück gleiten. Wie ein Ruderer erlebte sie sich in ihrer Trauer rückwärts gewandt. Den Blick auf das Vergangene gerichtet, lernte sie Rücksicht und Nachsicht zu üben auch mit sich selbst. Sah sich in unterschiedlichen Stationen ihres Lebens, in denen es unumgänglich gewesen war, sich mit dem eigenen Tod auseinander zu setzen.

Wird mich ein Engel halten, wenn die letzte Hülle fällt? Wenn finstere Nacht mein Dasein überschattet? Der Tod ist nur ein Augenblick in meinem Leben. Wenn ich den lebe, so übe ich mein Sterben. Beweint ihn nicht, meinen entseelten Leib. Feiert mit mir die Geburt eines anderen Seins.

Woher kamen die Gedanken? Wer hatte sie ihr ins Herz geschrieben? Gedanken und Gefühle, die trösten, ohne zu vertrösten. „Wenn Trauer sich in Liebe verwandelt, werden Tränen zu Perlen", hatte Thea einmal gesagt. Doch noch war die Zeit der reifen Perlen nicht gekommen. Noch schien es ihr, als müsse sie tiefer in das Meer der Trauer eintauchen.

Die Augen auf die sich glättende Wasseroberfläche gerichtet, erlebte sie sich in eine Zeit zurück versetzt, als es, trotz Verlust und Trauer, Augenblicke der Hoffnung und Freude gab. Mit Verwunderung nahm sie wahr, was passierte, wenn sie wie ein Schleusentor über die Welt ihrer Gefühle wachte.

Ein heißes Eisen

„Nicht ausweichen, nicht wegducken, die Sprachlosigkeit teilen! Trauernde in ihrer Befindlichkeit wahrnehmen, ihnen die Zeit zugestehen, die sie benötigen“, waren Gedanken, wie sie Thea einst Trauernden mit auf den Weg gegeben hatte. Jetzt fühlte sie sich aufgefordert, diese für sich selbst umzusetzen. Sie sah all die vielen Menschen, die sie begleitet hatte wie durch ein Tor hindurch schreiten. Und das Tor war sie selbst. Sich selbst in einem Zustand des Durchgangs betrachtend überkam Thea ein Gefühl von Enge. Eine Enge, die sie zuweilen mit Angst erfühlte.

Thea hatte sich angewöhnt, das, was ihr aus angstbesetzen Träumen in Erinnerung geblieben war, aufzugreifen und in der Ichform zu umschreiben. Im Falle eines Bügeleisens schrieb sie von sich als heißes Eisen, das sich hier und da genötigt fühlte für andere etwas auszubügeln. Aus der Perspektive eines Weckers sprach sie sogar von Alarmbereitschaft, aus der heraus sie sich genötigt fühlte etwas in sich wachzurufen, das sie später zu Papier brachte.

Ich bin ein Wecker und gehe mir
zuweilen selbst auf den Wecker.
Irgendetwas in mir scheint nicht
mehr so recht ticken zu wollen. In
steter Alarmbereitschaft ticke ich
manchmal förmlich aus. An ein
festes Zeitmaß gebunden, bleibt
mir wenig Spielraum. Die Unruh
in mir lässt mich nicht zur Ruhe
kommen. Früher zog man mich
auf. Heute laufe ich elektrisch.
Kaum hörbar ticke ich so lange
weiter, bis meine Batterie den Geist

aufgibt. Im Geheimen fürchte ich
nur eines: Still-stand.

Sich selbst in einem Haus der Trauer erlebend, betrachtete sich Thea in ihrem Chaos. Bedrängt von anderen, die wissen wollten, was sich hinter stürzenden Mauern abspielt, begann sie über ihr Leben in einem Trauerhaus zu schreiben. Doch merkte sie bald, dass sie so keinen Zugang zu sich selbst finden konnte. Erst als sie das schützende Haus verließ und über sich in der dritten Person, wie über eine andere Person nachzudenken begann, war es ihr möglich, ihr Leben in einem anderen Sinnzusammenhang zu betrachten.

Eine Begebenheit kam ihr sogleich in den Sinn. Es war zu einer Zeit, da Nathan noch nicht geboren war und Thea unvermittelt weinen musste, während sie ihren beiden Töchtern Astrid Lindgrens Geschichte von den Brüdern Löwenherz vorlas. An der Stelle angekommen, an der sich der Tod eines der Brüder ankündigt, liefen ihr die Tränen über die Wangen. Doch aus irgendeinem Grund musste sie auch über sich selber schmunzeln, worauf Ella, die Ältere, zum Besten gab: „Mama, du *wei-lachst* ja."

Seitdem gehört WEI-LACHEN zum erweiterten Wortschatz der Familie Marsen, der immer wieder mal zum Einsatz kommt, wenn es darum geht, nicht eindeutige Gefühle zum Ausdruck zu bringen.

WEILACHEND
ES'98

Guten Morgen, Großmutter

So hatte sich Thea noch nie betrachtet, als Großmutter. Vor dem Spiegel stehend huschte ein zartes Lächeln über ihr Gesicht. Wie im Märchen wartete sie nicht bis der Spiegel zu sprechen begann, sondern ergriff selbst das Wort. Doch welche Anrede wählt man im Angesicht des eigenen Spiegelbildes? Frau Königin? Frau Mutter? Thea war zwar Mutter, sogar Großmutter, aber keine Königin. Auch wenn sie manchmal das Gefühl hatte ihr Ehemann setze ihr, zumindest gedanklich, eine Krone auf. Dafür war es Tinka, die Jüngste, die sie mit Enkelsohn Ecco und Enkeltochter Rosalie königlich beschenkt hatte.

Das Ereignis der Geburt versetzte die frischgebackene Großmutter in die Lage, sich vorzustellen, wie das Leben mit all seinen DNAs und sonstigen genetischen Ansammlungen, eine schier unendlich erscheinende Kette von Eigenschaften darstellte. Eigenschaften, die sich zwar betrachten, aber nicht vervielfältigen ließen. „Dem Himmel sei Dank", dachte Thea. Schließlich ist und bleibt jeder Mensch etwas Einmaliges.

Mit den Worten „Guten Morgen Großmutter" wollte sie sich gerade im Spiegel begrüßen, da fiel ihr ein, dass das *Groß* vor der *Mutter* nicht nur ihr als Mutter, sondern der Tatsche galt, dass mit der Geburt des ersten Enkelkindes, etwas Neues in ihr Leben getreten war. Die Geschichte ihrer eigenen Mutterschaft war fortgeschrieben worden. Das Erbgut, jedenfalls ein Teil davon, weiter gegeben. Als Großmutter fühlte sie sich emporgehoben zu etwas Großartigem. Etwas, das sie mit den Worten *Mutter, Gebärmutter, Perlmutter* in Verbindung brachte.

Der Gedanke an *Perlmutter* ließ Thea unvermittelt an Alex denken. War er es doch, der ihr, wie die Muschel einem Sandkorn, Schutz bot. Auch wenn sie mitunter andere Wege der Trauer gingen. Thea schreibend und malend. Alex bei seinen Bemühungen um Sicherheit auf Bahnsteigen. Dennoch hatten sie es geschafft, im selben Boot zu bleiben, und das nicht nur im übertragenen Sinn. Auf einer gemeinsamen Schiffsreise zum Nordkap hatte Alex begonnen, seine Gedanken und Gefühle zu Papier zu bringen. Verdichtet in Wortbildern wie:

Strahlende Sonne
verdeckt noch durch die Berge
durchbricht das Dunkel

Vollkommen
der Regenbogen
überspannend die Berge
wir in Bewegung gerührt
Geborgenheit

Hell
der Stern
Tag wie Nacht
weist uns den Weg
Zuversicht

Thea empfand diese Wortschöpfungen wie Perlen der Erinnerung. Alex und Thea wurden nicht müde nach diesen verborgenen Schätzen wie Perlentaucher zu suchen. Nichts wurde ausgelassen. In schweren wie in leichteren Tagen. In einer Tabelle hatte Alex die vielen gemeinsamen Erlebnisse mit Nathan zusammengetragen. All die vielen Stationen wie Perlen auf einer Kette betrachtend kam es Thea vor, als müsse Nathan viel länger gelebt haben, als es der Zahl seiner Lebensjahre entsprach.

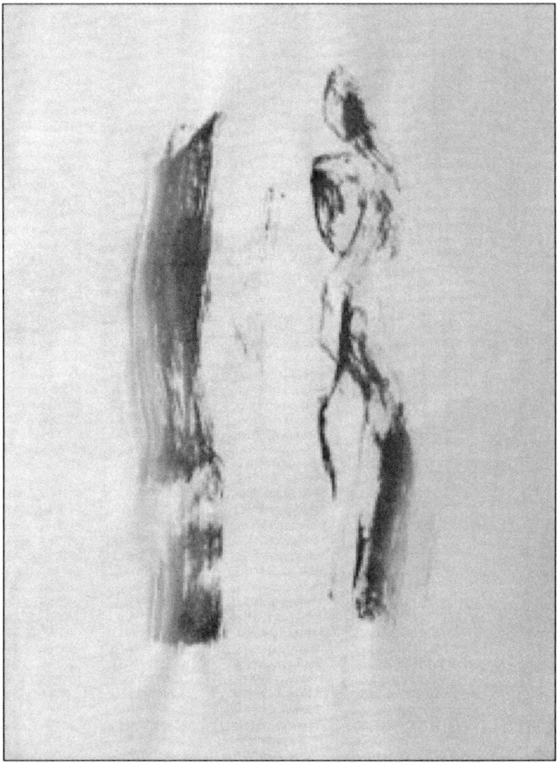

Der Stille Raum geben

Es war Sonntagmorgen. Alex saß am Klavier und spielte ein Morgenständchen. Thea lag im Bett und lauschte seinen Klängen. Als der letzte Ton verklungen war, hatte sie noch immer keine Lust aufzustehen. Sie trat ein, in einen Raum bedeutungsvoller Stille. Eine Stille, die von dem Herannahen eines Güterzuges jäh unterbrochen wurde.

Ein Blick auf den Wecker verriet ihr, dass es 7 Uhr in der Früh war und sogleich verspürte sie einen messerscharfen Stich in ihrer linken Brust. Es war die gleiche Zeit, zu der Nathan von einem Güterzug erfasst wurde. Die ewige Frage nach dem Warum setzte wieder ein. Es war nicht nur ein Warum, sondern ein gleichzeitiges Hinterfragen des Wie. Wie war das in allen Details? Was geschah damals auf dem Bahnhof? Schien die Sonne? Nein, denn es war ein dunkler Novembermorgen. Was hatte der Güterzug geladen? Wie und wo genau fand man Nathan?

Zu gern hätte sie ihm von den Lippen gelesen, eine letzte Botschaft, vielleicht auch nur die Spur eines Lächelns. Dann wieder die rein sachlichen Fragen: Wer fand sich als erster am Unfallort ein? Wo wurde Nathans Schlüsselbund gefunden? Wieso hat es so lange gedauert, bis sie benachrichtigt wurden? Warum hat der Gemeindepastor ihre nachdrückliche Bitte, sich von Nathan zu verabschieden, so vehement abgewiesen? Wut, unermessliche Wut, wie sie sie im Bild vom Sturm ausgelebt hatte, kam in ihr auf. Es war ein Wüten in einem Teil ihres Selbst, in dem sie sich wenigstens ein bisschen lebendig fühlte.

Ein anderes Mal, es war auch ein Sonntag, wurden Alex und Thea wieder einmal durch den Lärm des Güterverkehrs aus dem Schlaf gerissen. „Wie kann das sein?“, fragte sich Thea, dass die Züge immer lauter werden, so als hätte jemand die Gleise über Nacht verlegt. Auf ihre wiederholte Bemerkung, dass sie den Eindruck habe, als führen die Züge durchs Schlafzimmer, gab ihr Alex mit der linken Hand zum Herzen zu verstehen: „Nein, sie fahren mitten durch unser Herz.“

Schlag auf Schlag ging es weiter, denn das Glockengeläut des nah gelegenen Kirchturms wurde zum wiederholten Male vom gleichgültigen Gepolter der *Schienenwelt* übertönt. Das Scheppern der letzten Güterwaggons war noch immer zu hören, nachdem der mahnende Klang der Kirchturmglocke längst verklungen war. In so einem Moment fühlte sich Thea restlos überrollt. Überfahren von Allem. Sogar von dem Erwachen der Natur. Jeden Grashalm, jede Blume, die sich durch die dunkle Erde bohrte, empfand sie wie eine Zumutung. Denn das Leben ging weiter, als ob nichts geschehen wäre.

Nicht nur der Kirschbaum, den sie zu Nathans Geburt gepflanzt hatten, blühte. Alles blühte. Was sollte es auch sonst in dieser Jahreszeit tun? Ungefragt entfaltete der Kirschbaum seine weiße Pracht. Alex nannte ihn von nun an *unseren weißen Engel.* Wahrlich, wie ein Flügelkleid im Wind zeigte er sich in seiner von Leichtigkeit getragenen Schönheit. „Ein Hauch und dieses Spektakel wird auch ein Ende finden“, hatte Alex beiläufig gesagt. Wie Recht er haben sollte. Schon nach wenigen Tagen lagen alle Blüten auf dem Boden. Doch bevor dies geschah wollte Thea sich die letzte Klavieraufnahme von Nathan anhören.

Tränenüberströmt lauschte sie auf Chopins Nocturne Nr. 1. Und jede einzelne von Nathan zum Klingen gebrachte Note fühlte sich an wie Tautropfen, die in einem unendlichen Meer aus Tönen versanken. So hatte sie ihren Sohn noch nie spielen gehört. Es kam ihr vor, als wäre Nathan an jenem Tag der Aufnahme siebzig Jahre alt geworden und sie, die sich oft wie tot und begraben fühlte, hörte die Klänge, wie ein Echo aus einer anderen Welt. Die Lebensmelodie ihres geliebten Kindes hatte ein unerwartetes Ende gefunden. Sie war ohne auszuklingen einfach verstummt. Und in die Stille hinein hörte sie sich sagen: „Na, dann schreib ich dir eben einen Brief.“

Die Botschaft empfangen

Sie folgte einer inneren Stimme, die sie das weiße Blatt Papier und den Stift ergreifen ließ. In vielen Nächten, in denen sie keinen Schlaf finden konnte, malte und schrieb sie sich durch ihre Trauer.

Es entstanden Bilder und Texte, die verdeutlichten, wie sehr sie noch immer eine Suchende war. Wie einst in ihrer Schwangerschaft schenkte sie ihrem verstorbenen Kind Raum. Gab ihm Stimme und Gestalt in einer für die Bühne entwickelten Nah-Tod-Begegnung. Einer Darstellung in der neben Mutter und Sohn auch die Weltenseele zu Wort kam.

MUTTER:
Wie soll ich das alles verstehen,
da all mein Wissen nur ein Ahnen
ist? Ich lasse mich von meiner
Sehnsucht treiben, und schon
bist du mir nah: im glitzernden
Schnee, im Frühlingsstrahl am
Morgen, im fallenden Blatt. Ich
kann dich, mein Kind, nicht immer
sehen, aber du sprichst zu mir.
Sprichst in Worten des Herzens,
die ganz tief in mir klingen, wann
immer ich mich der Kraft der Liebe
anvertraue.

SOHN:
In deinem Tun bin ich dir immer
wieder nah, wenn du malst,
den Garten umgräbst, Kirschen
pflückst oder sonst was machst.
Wundere dich nicht, wenn etwas

dabei herauskommt, was du noch nicht verstehen kannst. Mach einfach weiter, ich finde es toll! Lass deine Gedanken und Gefühle auf der Leinwand, auf einer Seite in deinem Tagebuch. Vertrau auf dein Bauchgefühl! Du wirst schon sehen, das wird dir helfen. Ich möchte doch, dass es dir gut geht!
[...]

WELTENSEELE:
Frage nicht nach dem Warum. Frage nach dem Wozu! Nach einem neuen Sinn. Dein Sohn ist nie fort gewesen. Bevor er auf diese Welt kam, war er schon da, in deinem Herzen angelegt. Und genauso ist er jetzt noch immer bei dir. Wenn du ihn auch nicht sehen kannst, so ist er doch bei dir. Ja, es gibt vieles, was du noch nicht erkennen kannst. Es ist keine Frage des Verstandes. Mit deinem Herzen wirst du fühlen und verstehen.
[...]

SOHN:
Aus deiner Welt heraus gestorben, bin ich in die Weltenseele hineingeboren. So unbegreiflich es dir erscheinen mag, der Tod ist

nichts anderes als die Abwesenheit
von Leben, jedenfalls einem Leben,
wie du es verstehst. Erst wenn du
mich suchst, ohne mich zu suchen,
in einem umfassenderen Bild,
wirst du mich finden. Fern allen
menschlichen Seins.

Thea konnte nicht umhin, über ihre eigenen Worte zu staunen und abermals zu staunen. Und ihre anfängliche Angst und Sorge, es könnte Nathan, ihrem geliebten Sohn, dort in der jener anderen Welt nicht gut gehen, verflüchtigte sich. Wusste sie ihn doch in einem guten Licht.

Aus nächtlichen Träumen

Ob Thea wollte oder nicht, alles was sie sah, fühlte, hörte, schmeckte oder roch, konnte blitzartig die Erinnerung an ihr geliebtes Kind wachrufen: Das Erscheinungsbild eines Menschen, eine Geste, ein Mienenspiel, ein Lachen, eine ganz bestimmte Gangart. Ein Lied, das ihr nicht mehr aus dem Kopf ging. Ein markanter Duft, eine bestimmte Ausdrucksweise. Ein Film, den sie gemeinsam gesehen hatten. Ein Satz, eine Bemerkung, ein Gedanke oder ein Zug, der gerade abgefahren war.

Doch auch das, was nicht mehr geschah, keinen Ausdruck im Äußeren mehr hatte, empfand Thea wie Mosaiksteine auf dem Weg der Trauer. Da war keiner, der die Hecke schnitt, der sich um die Katze kümmerte, die Milch anbrennen ließ, immer wieder dieselben Sprüche klopfte, stundenlang das Bad belegte oder die Schuhe mitten im Zimmer stehen ließ. Manchmal hatte sie das Gefühl, weder zu wissen wo vorne ist, noch wo hinten. Vorne war da, wo sie hinschaute. Eindeutig zurück. Überall, wo Erinnerungen an Nathan wachgerufen wurden, folgte sie seiner Spur.

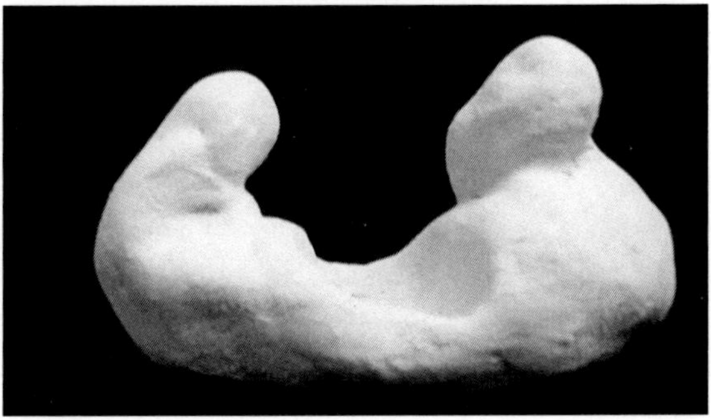

Thea griff alles auf, was sich ihr in den Weg stellte. Vieles erschien ihr in ihrer Trauer nah und fern zugleich. Zuweilen fühlte sie sich wie aus dem Rahmen gefallen. Was sollte sie auch mit einem Rahmen, der ihr keinen Halt zu geben vermochte? Also ließ sie ihn fort und begann sich auf das Wesentliche zu konzentrieren, ihr Lebensbild. Ein Bild in das all ihre Erfahrungen hinein geflossen waren.

Manche Tage und Nächte erlebte sie wie ein klares, tiefes Eintauchen in ein Dasein jenseits von Zeit und Raum. Wenn das Leben eine Schiffsreise wäre, dachte Thea, dann bestimmten die Stationen, an denen wir unvermittelt ein- oder aussteigen unser Leben ebenso wie das Ziel das wir vor Augen haben. Verwundert fragte sie sich, wie sie es schaffe, in einem Boot zu bleiben das Halbmast trug. Mit großer Sehnsucht im Herzen erlebte sie das nächtliche Schaukeln in ihren Träumen wie den Beginn einer großen Reise, die sie wie ein Schiff auf offener See erlebte.

Ich bin ein Schiff ohne Fahrziel.
Nicht dass ich seeuntauglich wäre.
Es sind Ausbesserungsarbeiten,
die mich momentan daran
hindern, hinaus auf die offene
See gelenkt zu werden. Meine
Bewegungen finden zurzeit in
meinem Inneren statt. Es ist ein
Kommen und Gehen. Täglich
kommen neue Menschen an Bord,
während mich andere über einen
schmalen Steg verlassen. Der Steg
ist für mich sehr wichtig. Stellt er
doch die einzige Verbindung zum
Festland dar. Eine Welt von der ich
mich zuweilen wie abgeschnitten
fühle. Im Grunde zählt für mich

nur eines, das Meer. Und so sehne ich den Tag herbei, an dem ich von neuem in die offene Weite des Meeres entlassen werde.

Unterwegs

Wie bei einer Wanderung im Gebirge zeigt sich uns eine Landschaft auch als Landschaft unserer Gefühle. Wir sehen in die Tiefe, in Abgründe. Aber vor allen Dingen sehen wir in die Weite unseres eigenen Daseins. Wieder einmal stand Thea vor ihrem Spiegel. Diesmal mit etwas mehr Abstand, wie Frauen mit Altersweitsichtigkeit, wenn sie versuchen, die Schminke zielgenau aufzutragen.

Thea war aufgefallen, dass sie immer seltener zu Farbe und Pinsel griff, um Korrekturen an ihrem Äußeren vorzunehmen. Außerdem hätte die ausgiebige Bearbeitung ihres Gesichtes auch nichts an der Tatsache geändert, dass sie nicht mehr wie damals mit Mitte zwanzig aussah. Wozu auch. Schließlich hatte sie sich an ihr Gesicht gewöhnt und es gab keinen Grund, etwas an ihrem Alter vertuschen zu wollen.

Es sei denn, sie hatte sich vorgenommen wieder mal in ihre frühe Jugendzeit einzutauchen. Auch dafür hatte sie sich einen Trick zurechtgelegt. Sie schloss ihre Augen, zwinkerte dreimal mit dem linken und dann mit dem rechten Auge und augenscheinlich befand sie sich in einem anderen Zeitabschnitt ihres Lebens. Einmal fühlte sie sich zurückgesetzt in die Zeit mit Mitte zwanzig, als ihr großer Bruder Didi sie nach ihrem Abi nach Japan gelockt hatte, wo er als Ingenieur arbeitete.

Durch Didis Vermittlung hatte sie Arbeit im *Edelweiß* gefunden, einem bayrisch angehauchten Bierlokal in Osaka, der zweitgrößten Stadt Japans. Allabendlich stand Thea hinter dem Tresen und ließ kühles helles Bier in dunkle Tonkrüge fließen. Tagsüber lernte sie Japanisch und gab Nachhilfestunden für Japaner, die ihre Englischkenntnisse aufbessern wollten. Auf diese Weise hatte sie sich ein beachtliches Polster für ihre sechsmonatige Reise durch Asien zugelegt.

Vier Monate hatte sie es in Japan ausgehalten. Das war ein Leben, laut und schrill. Oft wurde bis *in die Puppen gefeiert.* Ihr Spiegelbild zeigte ihr damals zwar ein offenes, aber von all den vielen Eindrücken recht mitgenommenes Gesicht. Besonders früh am Morgen, wenn sie kurz vor Unterrichtsbeginn noch einmal im Bett verschwand, um wieder fit für den Tag zu sein.

Während ihrer Arbeit musste sie sich auf Japaner unterschiedlicher Herkunft einstellen. Ob Mann oder Frau aus unterschiedlichen Berufen kommend, waren sie alle von der Sehnsucht getrieben, sich in eine, für sie fremde Kultur fallen zu lassen und in feucht fröhlicher Runde ausgelassen zu feiern. Zwischen Bierkrügen und heimatlichen Klängen, fiel es Thea nicht schwer, etwas, wenn auch nur sehr klischeehaftes, aus ihrer Heimat in ein fernes Land zu tragen. Wenn die *Jungen* und *Mädchen* nur nicht so schnell unter den Tischen gelegen hätten.

Nicht selten kam es vor, dass sie die *abgefüllten* Japaner an die frische Luft befördern musste. Das machte ihr nichts aus. Was ihr eher zu schaffen machte, war der Zwang, die Gäste bei guter Laune zu halten. Gelegentlich spielte sie etwas auf dem Klavier vor oder sah sich animiert, mitzutrinken. Und das nicht zu knapp. Doch um selbst nicht unter dem Tisch zu landen, ließ sie dann und wann einen Schluck Bier im Ausguss verschwinden.

Was Thea auch auf die Nerven ging, war die Musik, die entweder vom Tonband oder life gespielt dafür zu sorgen hatte, dass die Menschen nicht aus dem Takt kamen. Klänge, die ihr zwar vertraut waren, aber nach wenigen Wochen bereits auf die Nerven gingen. Ein Lied wie: „Ein Prosit der Gemütlichkeit“ zum tausendsten Mal gespielt, machte es für ihre Ohren auch nicht erträglicher.

Ganz anders ging es einmal im Lokal zu, als sich eine Gruppe von Italienern im *Edelweiß* verirrt hatte. Ein Kapitän, ein Bordingenieur und etliche Schiffsmänner eines großen Tankschiffes, das erstmals den Hafen von Osaka verlassen sollte, hatten einen feucht fröhlichen Abend im *Edelweiß* verbracht. Es wurde gesungen, gelacht und mit Mama san, der Chefin, Freundschaft geschlossen. Diese Freundschaft hatte zur Folge, dass die ganze Mannschaft des *Edeweiß* zur Schiffstaufe der *Western Lion* eingeladen wurde.

Als sich Thea die Fotos von der Taufe anschaute, waren all die Erinnerungen sofort wieder da. Sie hörte wie es *klick* machte und sah vor ihrem geistigen Auge all die vielen Korken durch die Luft fliegen. Zeitgleich kam ihr ein Gedicht in den Sinn, das Alex vierzig Jahre später auf ihrer gemeinsamen Schiffsreise zum Nordkap verfasst hatte.

Korken auf dem Meer
weiß nicht wohin es ihn treibt
bleibt immer oben.

Beim wiederholten Lesen dieses Gedichtes wurde Thea bewusst, dass eine Reise, ganz gleich wo sie hinführt, etwas mit dem Sammeln von Erinnerungen und Hoffnungsbildern zu tun hat.

Engel

Thea war bis an ihre Grenzen gegangen und wäre bestimmt auch noch weiter gegangen. Wenn es sein müsste bis ans Ende der Welt. Besonders damals, als ihr eine engelsanfte Stimme den Weg wies. An mindestens drei Engel konnte sich Thea erinnern, von denen sie meinte, dass sie eine engelsgleiche Botschaft in ihr Leben getragen haben. Ein Engel, der ihr sogleich in den Sinn kam, hieß Grit. Es war der Engel, der immer wieder zur rechten Zeit am rechten Ort ankam. Sie hatten sich durch die Hospiztätigkeit kennen gelernt und gemeinsam über viele Jahre Trauernde begleitet.

Es gab Menschen, die bezeichneten Grit und Thea als Paradiesvögel, weil sie Farbe in die Trauer und Wind unter die Flügel der Hospizbewegung brachten. Grit gehörte zu jener Art Engel, die sich nicht davor scheuen Holz zu hacken, Brote zu schmieren und Briefmarken auf Trauerkarten zu kleben. Von diesem Boten konnte Thea sagen, dass er der Engel der ersten Stunde ihrer Trauer gewesen war.

Es ist schon merkwürdig mit den Engeln, dachte Thea. Sie treten in Erscheinung. Sind da, wenn wir sie brauchen. Ungerufen stehen sie vor der Tür. Stellten einen Laib Brot, einen Teller Suppe, ein wärmendes Licht vor die Tür.

Ein anderer Engel der ersten Stunde trug den Namen Angela, was gleichbedeutend mit einem Engel ist. Als Thea und Alex in ihrem Bedürfnis nach Rückzug und Ruhe die Klingel abgestellt hatten, stand dieser Engel mit einem Saxophon vor ihrer Tür und spielte so schön, dass Thea den Eindruck hatte, als würden sich alle Türen wie von allein öffnen. Seit dieser Begebenheit musizieren der Engel Angela und Thea all wöchentlich miteinander.

Wenn Thea an Engel denkt, fallen ihr vorwiegend Wesen ein, die nicht aufdringlich sind und dennoch vieles bewegen. So auch der Engel Katharina. Thea lernte Katharina auf einer Party kennen. Beinah wäre sie diesem Engel nie begegnet, wenn Alex sie nicht überredet hätte zur Party zu gehen. Katharina besaß das, was man Engeln im Allgemeinen nachsagt: Langmut und Unaufdringlichkeit. Sei es bei der Betrachtung von Bildern oder der Vorbereitung von Lesungen.

Mit Alex über Engel ins Gespräch kommend, brachte Thea in Erfahrung, dass auch er sich in seinen schweren Stunden begleitet fühlte. Ein Engel war für ihn, so sagte er, Nathans Bestatter gewesen. Als Thea ihren Mann daraufhin ungläubig anschaute, fügte Alex erklärend hinzu: „Schließlich war er es, der uns Mut machte, uns Zeit zu lassen bei der Wahl der letzten Ruhestätte." Als Alex dies gesagt hatte, fiel Thea ein Gedicht ein, das mit dem Gedanken beginnt: *Es müssen nicht immer Männer mit Flügeln sein.*

Schon oft hatte sich Thea gefragt warum nicht alle Menschen Engel füreinander sein können. Weil die Berührungen vieler Menschen nicht sanft und absichtslos genug sind, dachte sie, während sie folgende Gedanken zu Papier brachte:

Meine Engel haben keine Flügel,
zumindest keine sichtbaren.
Dennoch vermögen sie bis ans
Ende der Welt zu fliegen. Sie
werden nicht gerufen. Nicht zu
Tisch gebeten. Sie teilen mit uns
das Brot. Ohne zu berühren,
berühren sie. Hinterlassen Spuren,
wo niemand eine Spur vermutet
hätte. Meine Engel drängen sich
nicht auf. Sie ziehen sich im
richtigen Augenblick zurück. Auf
diese Weise schenken sie Raum für
das Unaussprechliche. Sie sorgen
dafür, dass das Geheimnis in
allem bleibt.

In sternenklarer Nacht

Thea befand sich in einem Raum voll heller Lichtpunkte. Und jeder Punkt, den sie mit ihren Gedanken, Gefühlen und Erinnerungen in Verbindung zu bringen versuchte, schien ihr einleuchtender und klarer als jeder Stern am Firmament. Was wäre, fragte sie sich, wenn sich all die vielen Bilder in ihrem Kopf zu einem umfassenden Sternenbild zusammenstellen ließen? Unvorstellbar, alles was sie umgab, den Kosmos da draußen und den Kosmos in ihrem Kopf zeitgleich zu erleben.

Wie kam es, fragte sie sich, dass die Sterne immer dann in ihrem Leben Raum einnahmen, wenn sie es wagte, tiefer in ihre Trauer, wie in die Dunkelheit der Nacht hinauszutreten. Heraus aus ihrem kleinen befangenen Dasein. Hin zu einer großen Weite, die sie mit all den vielen kleinen Lichtpunkten verband. Weit und nah zugleich erlebte sie auch das, was aus ihren Bildern zu *sprechen* schien. Eine Empfindung aus der Nähe ihres eigenen Erlebens, die nach Ausdruck verlangt, um sich sogleich in der Weite einer Landschaft, in einem Zeichen oder in einer Gestalt auf der Leinwand zu verlieren. Eingetaucht in Farben und Formen wuchs zusammen, was zeitlich und räumlich getrennt erschien. Vergleichbar mit dem nächtlichen Panorama einer Großstadt, wenn aus der Ferne betrachtet die einzelnen Lichtpunkte zu einem Lichtermeer verschwimmen.

Ein einschneidendes Ereignis, fern
und emotional doch so präsent, dass
es die Zeit anzuhalten scheint. Thea
meinte die Tiefe der Nähe aus der
Weite heraus erahnen zu können.

Einer Familienaufstellung gleich traten in ihren Bildern zuweilen *Gestalten* aus fernen Zeiten in Erscheinung, die Nähe des Betrachters suchend. Nach dem Motto: Je weiter entfernt, desto näher kommen wir uns. Einmal träumte Thea, sie befände sich auf einer Bühne. Zu ihren Füßen das Publikum. Zur Linken eine Treppe, die zu einem Verließ führte, in dem all ihre Erinnerungen eingesperrt waren. Gedanken und Gefühle längst vergangener Zeiten. Auf der Bühne stehend fragte sie sich, wie es wäre, wenn sie all die unterschiedlichen Stationen ihres Lebens zeitgleich wie einen schattenlosen Tanz aufleben ließe.

Angeregt durch all die vielen Bilder aus ihren Träumen wollte Thea jedem Gefühl, jedem Gedanken auf ihrer Lebensbühne Raum schenken. Damit werden konnte, was in ihrem Inneren bereits angelegt war. Und so begann sie zu tanzen. Erst ganz langsam mit sanften Schritten. Dann immer wilder. In dem Moment, als sie sich selbst im Tanz zu verlieren drohte, wurde ihr klar, dass die von ihr gestellte Frage nach der Regie ihres Lebens sich augenblicklich wie von selbst löste. Sie war es, die sich tanzend im Tanz erschuf. Tänzer und Tanz waren nicht mehr getrennt. Im Angesicht des blendenden Scheinwerferlichtes, das sie wie ein Licht einer anderen Bühne umfing, hörte sie nicht auf, sich im Tanz zu drehen.

Doch auf einmal hielt sie mitten in einer Bewegung inne. Denn es schien ihr, als würden all die unterschiedlichen Gedanken und Gefühle, die sie in ihren Bewegungen zum Ausdruck zu bringen versuchte, in einer einzigen Bewegung aufgehen. Aufleuchten wie ein Schweif am Firmament. Wie damals, in sternklarer Nacht, als sie klar und deutlich jenen Stern erkennen konnte, der sie einen Wimpernschlag lang mit ihrem verstorbenen Kind verband.

Fundstück des Himmels
des Nimmerwiedersehens letzte Hülle
verwandelt im Licht der Sterne

Thea brauchte Jahre, um zu begreifen, was geschehen war. Denn ihr Herz wollte einfach nicht glauben, was passiert war. Vielleicht war es auch gut so, sonst hätte sie wohlmöglich noch zu suchen aufgehört und wäre nie Juliane Grodhues begegnet. Juliane war es, die sie mit der Therapiemethode IADC (Induced After Death Communication) vertraut machte. Eine geschlagene Stunde hatte Thea in hypnoseartiger Haltung verbracht und alles aus sich herausgeschrien, was sich an Trauer in ihr aufgestaut hatte. Aus dieser Haltung heraus, war es ihr gelungen, Verbindung aufzunehmen zu ihrem verstorbenen Kind, gemäß einer induzierten Nachtodbegegnung.

Ihr verstorbener Sohn war ihr innerlich begegnet. Hatte sie mit den Worten: „Mama, ich will doch nur, dass es dir gut geht", darauf hingewiesen, dass sie kein schlechtes Gewissen haben müsse, wenn es ihr dann und wann einmal, trotz Trauer, gut ging. Nicht von ungefähr sprach Thea davon, dass es ihr schlecht geht, wenn es ihr gut geht. Und so fragte Thea – die Thea im Spiegel – was sie denn von ihren widersprüchlichen Gedanken hielte. Thea, jedenfalls die im Spiegel, gab keine Antwort. Das hatte sie auch nicht erwartet. Aber zumindest ein freundliches Lächeln mit einer klaren aufmunternden Botschaft wie: „Das hast du aber gut hinbekommen. Mit einem Schicksal wie dem deinen wäre ich schon längst zusammengebrochen", hätte ihr gut getan.

„Du hast schön reden", formten ihre Lippen gedankenverloren, „schließlich warst du nicht dabei, damals als mich die Todesnachricht ereilte. Das jüngste Kind, *mirnichtsdirnichts* aus dem Leben gerissen." „Und ob ich dabei war", gab die Stimme im Spiegel ohne jegliche Lippenbewegungen zu verstehen. Kein Lippenbekenntnis, nur ein *Mitdabeisein*. Kein Wegducken im Angesicht der schrecklichen Ereignisse. Ja, Thea konnte jetzt, vor dem Spiegel stehend, deutlich wahrnehmen, dass da noch jemand war, der auf sie und ihr Leben – wenn auch wie durch einen fernen Spiegel – einwirkte. Der sie aufforderte, nicht zu verzweifeln, wenn sie mal wieder den Mut verlor.

Grund hätte sie gehabt, das Geschehene anzuzweifeln. Damals, als die drei Männer in Schwarz vor der Tür standen. Als sie sich zerrissen fühlte zwischen dem Wunsch, ihrem Kind nachzusterben und es gleichzeitig wieder zurück ins Leben zu holen. In so einer traumatischen Situation begann ihre erste IADC-Sitzung. Als den für Thea am schwersten zu ertragenden Augenblick wählte sie den Moment, als der Pastor und die Kriminalbeamten die Todesnachricht überbrachten und ihr gleichzeitig den Zutritt zu ihrem Sohn verwehrten. Thea konnte es kaum ertragen, einerseits die grauenvollen Bilder des Unfalls im Kopf zu haben und nicht zu ihrem toten Sohn zu dürfen. Sie wollte doch nur begreifen, was sie so nicht *be-greifen* konnte. Den Satz, den sie sich selber immer wieder vorsprach: „Ich habe einen toten Sohn."

Beim Wiedergeben der Ereignisse sank sie mehr und mehr in sich zusammen. Es war ein Gefühl, als drückte sie eine unwiderstehliche Kraft mit aller Macht in die Erde und sie müsse in Grund und Boden versinken. *„Da, wo der Schmerz ist, geht's lang"*, hörte sie sich selber immer wieder sagen, begleitet von dem Gedanken alles zuzulassen, damit die Trauer nur nicht im Kopf blieb.

Unter ihrem Herzen, dort, wo sie ihr Kind zum ersten Mal spüren durfte, war der Schmerz am allergrößten. Wie lange dieser Schmerz anhielt, konnte sie nicht sagen, sie wusste nur noch, dass sie nach der ersten IADC Sitzung nicht wenig staunte, als sie nach einer längeren Ruhephase ihre Augen aufschlug und einen Berg von Taschentüchern vor sich liegen sah. So viel hatte sie schon lange nicht mehr geweint.

Was sich dann ereignete, wäre ohne die Fließkraft der Tränen wohl nie möglich gewesen. Für Thea noch immer unfassbar geschah Folgendes: Vollkommen unvermittelt erhob sie sich und nicht nur das, sie kam mit einer Festigkeit zum Stehen, wie sie es in ihrem Leben nie für möglich gehalten hätte. Sie fühlte sich wie ein Wachposten in Sibirien. Jedenfalls stellte sie sich so einen Wachposten in der Weite Sibiriens vor.

Während der fortlaufenden Sitzung sah sie keine Notwendigkeit, ihre eingenommene Position zu verändern, geschweige denn, sich zu setzen. Als ob sich etwas in ihr von Grund auf aufgerichtet hätte. Felsenfest und unumstößlich stand sie mit geöffneten Handflächen da. So als wollte sie etwas in Empfang nehmen. Mit geschlossenen Augen nahm sie es an. Es war nichts Materielles. Es fühlte sich warm und leicht an. Ein Licht, das durch sie hindurch floss. Gleichzeitig vernahm sie zum wiederholten Male die Stimme, die sagte: „Mama, ich will doch nur, dass es dir gut geht."

Von Ecken und Kanten befreit

Thea war mutig genug, den Weg der Trauer zu gehen. Ohne Umschweife. Immer der Nase nach. Und wenn es einen Weg, einen Ausweg geben sollte, so konnte er nur durch den Schmerz hindurch führen. War das der Grund, warum sie noch nach Tagen und Wochen des Trauerns, einem Impuls folgend in eine Schublade mit ausrangierten Kleidungsstücken griff? Abgetragenes, das sie in einem Anflug von Sparsamkeit oder mit Weitsicht auf nutzbringende Anwendung aufgehoben hatte. Unter verschlissenen Hemden, Socken und ausgeleierten Pullis zum Malen, beförderte sie eine stattliche Sammlung abgetragener Büstenhalter zu Tage. Halter, die zu nichts mehr zu gebrauchen waren. Oder doch? Vorsichtig zog sie ein verbeultes, aus der Form geratenes Korsett heraus.

Dann schnappte sie sich eine leere Leinwand, löste die Haken eines Büstenhalters, um sie sogleich auf der Rückwand der Leinwand zu verankern. Was sollte das? Sah das nicht ein bisschen wie ein *Corpus Delicti* aus? Ein Beweisstück bei dem man geneigt sein könnte, etwas hineinzusehen. Wohin das führen würde konnte Thea noch nicht ahnen. Doch eines stand fest, so hatte sie einen Büstenhalter noch nie gesehen. Abgehoben im Angesicht der Leinwand und durchaus geeignet, neu betrachtet zu werden. Kurz entschlossen schlüpfte sie in ihre altbewährte Malerhose, zog sich ein von satten Farbspuren besprenkeltes Malerhemd über und begann Leinwände mit unterschiedlichen Korsetts zu bestücken.

Was dabei heraus kam, sah gar nicht so übel aus und bot reichlich Stoff für Gedankenspielchen und Wortverknüpfungen, die sich aus der jeweiligen Anordnung der Korsagen ergaben. So gab es Objekte, die fühlten sich nach wiederholtem Farbauftrag steinhart an. Andere wirkten nach der Bearbeitung mit unterschiedlichen Farbpigmenten samtig weich.

Thea wäre nie im Leben auf die Idee gekommen, hinter den zum Teil recht schrill und extraordinär erscheinenden Arbeiten eine Anspielung auf ihre Trauer zu sehen, geschweige denn eine Transformation zur Kunst, wie es ein Zeitungsreporter nach der ersten öffentlichen Ausstellung zum Besten gab.

Worte sprudelten förmlich aus ihr heraus. Als ob die Halter etwas zu sagen hätten. Und ob sie etwas zu sagen hatten. Durch unterschiedliche Objekte wurde dem Betrachter nahe gebracht, was hält, verbindet und unter bestimmten Bedingungen aus dem Rahmen fällt. Der Halter verwandelt sich. Wirkt abgehängt. Entrückt. Darf in Bildern mit Titeln wie „verhangen zwischen Wolken", „von Ecken und Kanten befreit" neu gesehen werden. Eingetaucht in Farbe, stellt jeder Halter eine Nuance eines übermütigen Spiels dar. Mit diesem Spiel lud Thea den Betrachter ein, sich von alt hergebrachten Vorstellungen zu lösen, nicht ohne sich selbst zu fragen, welches die *Vor-Stellungen* seien, von denen sie sich frei zu machen wünschte.

Immer wieder stellte sie sich die Frage, was sie zu der aberwitzigen Idee getrieben hatte. Die Antwort erhielt sie postwendend von Petra, einer befreundeten Psychotherapeutin, die eines Tages zeitgleich mit dem Postboten vor ihrer Tür stand. Sie käme auf eine Tasse Tee vorbei und wolle sich Theas Bilder anschauen. Gerne war Thea bereit, Petra an den verrückten Eskapaden ihrer Trauerverarbeitung teilhaben zu lassen, doch nicht ohne zuvor kundzutun, worum es ihr bei der Bearbeitung abgetragener Büstenhalter ginge. Doch vor der Tür ihres Ateliers stehend brachte sie keinen Ton heraus. Lediglich die Worte: „Vorsicht, nicht erschrecken. Ich habe da etwas ganz verrücktes gemacht. Ich habe BHs...." Mehr brauchte sie nicht zu sagen. Die umsichtige Freundin verstand sofort, worum es hier ging. „Ist doch klar", sagte sie mit einer lässigen Handbewegung. „Du hast Dich so lange mit Trauer beschäftigt. Hast geschrieben, gemalt, Vorträge gehalten, aus deinen Büchern gelesen. Nun ist es an der Zeit, dass Du Dich dem Leben zuwendest. Und das hast Du mit Deinen BHs getan." Thea blickte erstaunt und verwirrt zugleich, mal auf die Freundin und dann wieder auf die vielen

Halter, die wie Girlanden ihr Atelier schmückten. Was bitteschön konnten all diese mehr oder weniger wahllos mit Farbe überschütteten Mieder über ihr Leben sagen?

Abgelegt, abgehängt, meinetwegen auch *verhangen,* ja so fühlte sie sich auch zuweilen in ihrer Trauer. Aber eine Hinwendung zum Leben, konnte sie in ihren Arbeiten beileibe nicht erkennen. Mochten auch Bilder mit Titeln wie *innehalten, aufhalten, zuhalten und dichthalten* darauf verweisen, was Halt versprach. Doch kein noch so abgedrehtes Korsetts schien ihr geeignet, ihren Weg der Trauer eindeutig zu beschreiben. Worauf hatte sie sich nur eingelassen, als sie sich, wenn auch in einem geschützten Rahmen, zu einer Werkschau entschloss? Fast bereute sie es, ihr Atelier für diese intime Besichtigung frei gegeben zu haben.

Doch da war es die einfühlsame Therapeutin, die sie aufforderte, ihre Miedersammlung mit anderen Augen zu betrachten: „Ist es nicht so, dass der Büstenhalter im Allgemeinen für die Brust steht, die eine Mutter ihrem Kind gibt, um es am Leben zu halten? Und du, Thea, hast Dich offensichtlich für das Leben entschieden."

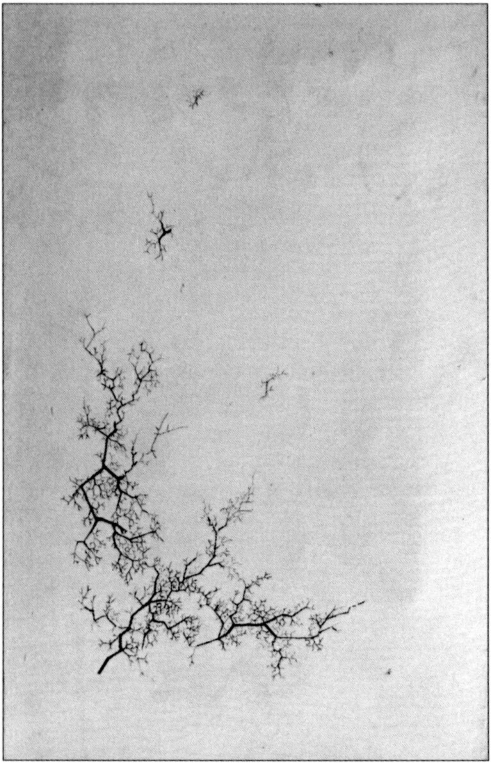

Zeichen setzen

„Was hat dich dazu bewogen, die Korsagen in einer Ausstellung zu präsentieren“, wurde Thea einmal gefragt. Sie wusste es nicht. Aber eines hatte sie mit ihren Korsettbildern geschafft, dass sich Trauer sehen lassen kann. Und zwar nicht nur dann, wenn sie etwas bergend zurückhält. Trauer lässt sich transformieren. So leicht hatte Thea es sich nicht vorgestellt, mit einem so schwierigen Thema in die Öffentlichkeit zu treten. Genau genommen, waren es die Korsagen, die Thea dazu verhalfen, wieder in Form zu kommen.

Da war noch jemand, der ihr dazu verhalf, wieder Boden unter den Füssen zu gewinnen. Katharina war ihr Name. Thea hatte sie erst nach Nathans Tod auf einer Gartenparty kennen gelernt. Freunde wollten den hundertsten Geburtstag ihres Hauses feiern. Thea war überhaupt nicht nach Feiern zu mute, aber Alex bestand darauf. „Irgendwann müssen wir es doch wagen, unsere Schutzhöhle zu verlassen“, hatte er ihr zu verstehen gegeben. „Wie lange war es schon her, dass sie nicht mehr ausgingen? Zwei Jahre, drei Jahre? Gefühlte zehn Jahre?“

Nicht dass die Gespräche an diesem lauen Sommerabend im Garten des hundertjährigen Hauses ihr allzu viel bedeutet hätten. Es waren die Schwalben, die über Theas Kopf kreisend ihr das Gefühl gaben, mit Himmel und Erde verbunden zu sein. Verblüffend war die Leichtigkeit und Schwerelosigkeit, mit der diese Vögel ihre Auf- und Abschwünge vollzogen. Aufschwünge, nach denen sich auch Thea von Zeit zu Zeit sehnte.

Mit großem Wohlwollen hatte sie beobachtet, wie sich Alex am Nebentisch angeregt mit einem Paar unterhielt, das sie nicht kannte. Dabei wirkte ihr Mann erstaunlich gelöst. Zuweilen sogar heiter. Thea meinte durch seine Gestik und Mimik die Bewegtheit seiner Gedanken und Gefühle lesen zu können. Eine Bewegtheit, die sich in den auf- und abschwingenden Flugbahnen der Schwalben zu spiegeln schien. Schon lange nicht mehr hatte sie Alex so entspannt und losgelöst von aller Schwere reden sehen. Zu guter letzt griff er auch noch in das Seitenfach ihrer Handtasche, um ein Lesezeichen ihres jüngst erschienen Buches („Ein Netz, das trägt") heraus zu nehmen und es dem interessierten Paar zu überreichen.

Es dauerte keine zwei Wochen und Thea erhielt einen Anruf. Katharina war am Telefon. Nachdem sie sich als die Frau zu erkennen gegeben hatte, die sich auf der Gartenparty zusammen mit ihrem Mann so angeregt unterhalten hatte, gab sie Thea mit leichtem Zögern zu verstehen, wie betroffen sie sei von ihrem Schicksal. In Laufe des Gesprächs stellte sich heraus, dass sich Katharina am Morgen des Unfalls ebenfalls auf dem Bahnhof aufgehalten hatte und noch immer die Lautsprecherdurchsagen höre, mit denen die Umleitung der Züge angekündigt wurde. Ein ganzes Leben umgeleitet im Bruchteil einer Sekunde. „Wie mag es den Eltern gehen?", war eine Frage, die Katharina damals beschäftigte.

Dass Thea gerade diese Frau kennen lernen sollte, erschien ihr mehr als ein Wink des Schicksals. Es gab Zeiten, da fragte sie sich, was sie ohne diese Seelenfreundin, wie sie sie später nannte, gemacht hätte. Katharina war es, die immer dann zur Stelle war, wenn Thea sich in großer Not befand. Auf der Autobahn mit einer Kanne Tee, nachdem Thea stecken geblieben war, oder einfach so, wenn sie jemanden brauchte, der sie in ihrer Trauer nahm wie sie war, ver-rückt.

Auf Katharina war Verlass. So auch am Jahrestag des Unglücks. „Was kann ich für dich tun?" „Wollen wir etwas unternehmen", hatte sie Thea gefragt. Doch Thea wusste nichts mit sich anzufangen. An einem Tag der so schrecklich war, dass sie auch noch nach Jahren nicht wusste, wie sie ihn überstehen sollte. An so einem Tag hätte sie sich am liebsten vergraben. Als ob Katharina dies spürte, führte sie Thea in den Garten, in dem sich der Baum befand, den Alex und Thea zu Nathans Geburt gepflanzt hatten. „Wie wäre es wenn wir einen Zweig vom Kirschbaum mit zum Bahnhof nehmen?" frage sie Katharina.

Voller Traurigkeit blickte Thea auf den Baum in ihrem Garten, dessen Lebenskräfte sich sichtbar, wie das Leben ihres Sohnes zurückgezogen hatten. Erst als Thea und Katharina, den Zweig im Arm, auf dem Bahnsteig ankamen, während ein voll beladener Güterzug auf dem gegenüberliegenden Gleis donnernd durchrollte, wurde ihr bewusst, wofür der Kirschzweig zur dunklen Jahreszeit stehen könnte: Vom Schicksal überrollt, aber das Leben geht weiter.

Eine innere Stimme

Was Thea antrieb, war ein Strom von Lebendigkeit, den sie dann verspürte, wenn sie sich mit ganzem Herzen einer Sache hingab. Sei es während Ihrer kunsttherapeutischen Tätigkeit, in der Hospizarbeit, beim Lernen japanischer Vokabeln oder beim Verrichten ganz alltäglicher Aufgaben. Tochter Ella hatte ihre Mutter einmal mit einer Vielzahl von Armen in einem Bild festgehalten. Denn es verging kaum ein Tag, an dem sie sich nicht einer Fülle von Tätigkeiten hingab, so dass Ella in ihren Zeichnungen immer weitere Arme hinzufügen musste. Vom Kochlöffel schwingenden bis zum federführenden Arm, mit dem sie japanische Schriftzeichen aufs Papier kritzelte.

Thea schrieb und malte sich so ziemlich alles von der Seele, was ihr in den Sinn kam und stellte dabei fest, dass sie immer weniger bereit war, Dinge hinzunehmen, über die sie früher großzügig hinweggesehen hätte. Das bezog sich auf Gegebenheiten, die den Zusammenhalt unter Freunden gefährden, Lebensgemeinschaften untergraben, Erinnerungen verdrängen oder einfach nur zum Durchhalten animieren. Kurzum, Thea war durch die Verlusterfahrung verletzlich und dünnhäutig, aber auch angriffslustig und wehrhaft geworden. Was hatte sie denn noch zu verlieren?

In Zeiten der großen Verunsicherung, in denen vieles aus dem Rahmen gefallen und „ver-rückt“ erschien, war sie gewillt, sich mit Grenzerfahrungen im Umfeld des Todes auseinandersetzen. Angeregt durch ihre jahrelange Hospiztätigkeit war sie dem schreibend und malend nachgegangen, was man im Allgemeinen unter „Nahtoderfahrung“ versteht. Immer wieder durchlebte sie Augenblicke, in denen jegliche Trennung aufgehoben schien.

Könnte es sein, fragte sie sich, dass sich die Unterscheidung zwischen nah oder fern, vergangen oder gegenwärtig einzig und allein auf der Ebene ihres Bewusstseins abspielte? Wenn es doch nur gelänge, die Zeit als große Illusion abzustreifen, war ein Gedanke, der sie nicht mehr los ließ, wenn sie vor dem Spiegel stehend einer inneren Stimme lauschte

Lass dich nicht beirren von all dem
Ungeklärten, Unfassbaren. Wisse,
dass alles, was du tust oder nicht
tust, denkst oder nicht denkst,
liebst oder nicht liebst bereits
Eingang gefunden hat in einem
anderen Sein.
Wisse, nichts auf Erden geht
verloren. Auch wenn nichts bleibt,
wie es einmal war. Im Faltenwurf
eines jeden Gewandes sind bereits
jene Muster eingewoben, die dich
schon vor der Geburt prägten. Erst
wenn die letzte Hülle fällt, wird
der Kern deines wahren Wesens
sichtbar.

Doch noch war es ihr nicht vergönnt, alle Zusammenhänge lückenlos zu erkennen. Noch blickte sie wie durch einen fernen Spiegel.

Nah und fern

Nachdem der letzte Morgenstrahl ihr Gesicht berührt hatte, fühlte sie sich noch immer von einer Wärme umfangen, die nicht von dieser Welt zu kommen schien. Was heißt überhaupt „von dieser Welt?" Ist diese, unsere Welt nicht vielleicht doch bloß Teil eines viel größeren, umfassenderen Daseins?

Im Traum sah sie ihr verstorbenes Kind leibhaftig vor sich. Fühlte noch lange nach dem Erwachen seine warme Hand. Ganz sacht hatte er seine langen dünnen Arme um ihren Oberkörper geschlungen. Ihr tief in die Augen gesehen. Sehr tief. In einer Weise, in der er ihr Herz berührte. Nathan, der nun schon so lange nicht mehr unter den Lebenden weilte.

Das, was sie in Traumesnähe gefühlt hatte, ließ sie ahnen, dass es ein Sein geben müsse, das jenseits allen bewussten Seins verankert ist. Ein Sein, das sich nicht verorten lässt. Auch nicht in einer Welt, in der alles vermessen und gewichtet wird. Nach und nach hatte Thea es aufgegeben, in Spuren des Vergänglichen nach Lebendigem zu suchen. In ihrem Kopf breitete sich eine sehnsuchtsvolle Leere aus, die sie in Briefen an ihren verstorbenen Sohn zum Ausdruck brachte: „Ich kann dich, mein Kind, nicht immer sehen, aber du sprichst zu mir. Sprichst in Worten des Herzens, die tief in mir klingen, wann immer ich mich der Kraft der Liebe anvertraue."

Er war und blieb ihr nah und fern zugleich. Dieses Gefühl der Nähe hatte sich tief in ihr Gedächtnis eingegraben und wann immer Thea auf ihre Seelenbilder – wie sie ihre gemalten Bilder nannte – blickte, konnte sie genau diese Spuren der Liebe entdecken. Ob sie schrieb, malte, sich durch Vorträge oder Lesungen Gehör verschaffte. Immer wieder ging es ihr darum, gehört, gesehen, wahrgenommen zu werden. Mit all ihren Lebensbrüchen, aus denen sie gewandelt hervorgegangen war, ohne sich in ihrem innersten Wesen verändert zu haben. Dennoch gab es etwas in ihrem Gesicht, das sich nicht mehr wegwischen ließ. Eine Erschütterung, die sie aufforderte, die zu werden, die sie war. Thea wollte sich an den Höhen der Tiefen messen lassen. Wovon sollte sie lernen, wenn nicht von diesen Tiefen?

Es gab Zeiten, da fühlte sie sich wie eine Gefangene ihrer Selbst. Eingeschlossen hinter Mauern und Wänden ohne Aussicht auf Befreiung. Doch irgendwann würde sie sich einen Pinsel schnappen und Fenster und Türen an die Wände malen. Türen, die sie zu Nathan, ihrem geliebten Sohn, führen. Mit zunehmendem Alter hatte sie das Gefühl, dass sie es war, die träumte und ihr Sohn sie eines Tages aus ihrem Traum und von dem Irrglauben befreien würde, dass nur das wahr ist, was wir mit unseren Sinnen erfassen.

Von einem japanischen Philosophen hatte sie gelernt, dass Liebe der Gipfelpunkt allen Wissens sei. Auch Thea fühlte, dass es etwas gab, das alles Wissen überstieg. Sie nannte es Kraftfeld der Liebe. Bei ihr zeigte es sich in einer *großen Weite Innen*.

Leben hinter Mauern

Eines Tages stand er vor ihr. Nein, nicht wirklich, sondern eher gedanklich. Wer sagt, dass nur das wirklich ist, was wir mit unserem körperlichen Empfinden in Verbindung bringen? Ein Gedanke, gepaart mit einem Gefühl, dem Gefühl einer großen Liebe, ist schließlich auch etwas Lebendiges und nicht einfach von der Hand zu weisen. Die Schmetterlinge im Bauch zum Beispiel waren ein Gefühl das Thea nie vergessen würde. Damals, vor vierzig Jahren, als sie der Unschuld der ersten großen Liebe in die Augen blickte. Den Kopf voller Träume, Sehnsüchte, die nie im Leben in Erfüllung gehen konnten, hatte sie ihm gegenüberstanden. Pit war ihr Angebeteter. Ein Klassenkamerad. Zwei Menschen, die unterschiedlicher nicht hätten sein können.

Doch sie hatten es gewagt. Waren ineinander verschossen, was gleichbedeutend war mit einem bitteren Ende. Aber das kam später. Thea mit ihren roten langen Haaren war es gewöhnt, anzuekken, denn sie hatte sich vorgenommen vieles anders zu machen. So wie sie sich fühlte, mit ihren gerade mal 15 Jahren, wollte sie sich keiner Norm beugen.

Natürlich war sie mit ihrem Pit damals wie heute, nicht völlig frei von Konventionen gewesen. Sie wollte genau wie alle anderen jungen Mädchen mit all ihrem bunten Plunder von *Flower, Power Pop op Cola, alles ist in Afri Cola* teilhaben am Aufbruch einer Zeit. Coolness nennt man das heute. Ein Lebensgefühl, das die große Weite erst einmal im Äußeren sucht.

Thea war im Westen Berlins, dem goldenen Westen, aufgewachsen. In einer Stadt, die aus den Nähten zu platzen drohte. Sie hatte Glück gehabt. Im Gegensatz zu denen im Osten war sie – wie man es nannte – nicht *eingesperrt*. Aber was heißt schon eingesperrt? In die Schranken gewiesen durch Gedanken und Vorstellungen waren sie doch alle. Getrieben von dem Anspruch, der immer nur eines wollte: Das Maximum an Glück. Ganz gleich, was ein jeder darunter verstand.

Ohne Bereitschaft, sich festzulegen war das so genannte große Glück selten von Dauer. Doch Thea hatte sich festgelegt, denn sie glaubte, das Glück in ihrem Pit gefunden zu haben. Groß war er. Wie Didi, ihr großer Bruder, hatte er ihr Schutz gegeben. Sie gingen auf Partys, die damals noch Feten hießen. Wilde, ausgelassene Feten. Zum ersten Mal verliebt. Das war ein Gefühl wie Angekommen auf einem hohen Berg. Vielleicht nicht gleich Mont Everest. Aber die Zugspitze, die reicht ja auch schon. Was nicht heißen soll, dass Thea damals Weitblick besessen hätte. Weit gefehlt, von Mauerfall, Invitrobefruchtung, Tschernobyl... keine Spur. Das stand damals noch nicht zur Debatte.

Es war ein Leben in einer anderen Zeit. Eine Zeit in der Thea manchmal mitleidig von *Westdeutschen* gefragt wurde, wie sie es denn aushalte, hinter einer Mauer aus Stacheldraht. Als ob sie in einem Gefängnis lebte. Weit gefehlt. Für Thea mit ihrer jugendlich unbeschwerten Denk- und Lebensart war die Mauer eher so etwas wie eine großzügig angelegte Gartenmauer. Eine Mauer die sie auch vor Anfeindungen von außen bewahren konnte.

Schließlich war der kalte Krieg noch nicht vorbei. Gefahren lauerten an allen Ecken und Enden. Und so eine Mauer konnte einem – wenn auch nur gedanklich – Schutz geben. Mit solch einer Eingrenzung hatte sie zu leben gelernt. Sieben Jahre lang hatte sie Russisch gelernt, die Sprache der Zukunft, wie es damals hieß. Sich zum Abi mit *Women's Liberation* beschäftigt und versucht, die Welt da draußen von Innen heraus zu verstehen. Noch heute kann Thea das Lebensgefühl abrufen, das sie damals im zarten Alter von siebzehn Jahren empfand.

Im Fall der Mauer

Thea wäre bereit gewesen alles zu geben, um des Gefühls Willen, geliebt zu sein. Wie damals mit Pit, als sie sich als *Zwei in Einem* neu zu entdecken begann. Das bedeutete aber nicht, dass sie mit Pit ins Bett gegangen wäre. Dazu war sie viel zu katholisch erzogen. Außerdem mochte sie es nicht, wenn sich jemand ihres Körpers oder eines Teils ihres Köpers bemächtigte. Schließlich war für Thea damals alles, was sich unterhalb ihrer Gürtellinie abspielte unrein und mit Sünde behaftet. Sich von dieser Sündenvorstellung zu lösen sollte ein langer Weg werden. Ein Weg auf dem sie erst einmal lernen musste, sich selbst wahrzunehmen.

Auch damals, als die drei Männer in Schwarz die Todesnachricht überbrachten hatte Thea Schwierigkeiten sich selbst *wahrzunehmen.* Nachträglich entstand bei ihr das Bild einer mittelalterlichen Folter. Denn sie hatte sich gefühlt, als würde man ihr bei lebendigem Leibe alle Organe einzeln entreißen. Ein Bild, bei dem sie ihren Körper als nicht mehr zu sich gehörig empfand. Abgetrennt vom Liebsten. Vom eigenen Fleisch und Blut.

Sie hatte ihn ausgetragen. Genährt an ihrer Brust. Wie ihre beiden anderen Kinder bedingungslos geliebt. Mit der Ausnahme, dass sie nun dieses Kind bis ans Ende ihres Lebens wie ein Todespfand mit sich zu tragen hatte. In Liebe verbunden zu sein bedeutete für Thea auf einmal mit dem Tod verbunden zu sein.

Was Menschen fähig waren auszuhalten, hatte sie am eigenen Leib erfahren. Glücklicherweise nicht so sehr auf einer kriegerischen, aber auf einer schmerzlichen Ebene. Schließlich hatte sie schon als Kind mit ansehen müssen, wie man inmitten in ihrer Heimatstadt eine Mauer errichtete, durch die sie das Grab ihres Vaters nicht mehr aufsuchen konnte. Es war eine Mauer, die sie nicht immer sehen konnte aber körpernah fühlte. Kammerflimmern, Herzrhythmusstörungen, alles unmissverständliche Zeichen eines Daseins, das nicht mehr gewillt war, alles bedingungslos hinzunehmen.

Wenn die Wirklichkeit nur nicht so voller Irrsinn gewesen wäre. Vieles, was Thea erlebt hatte, erschien ihr nachträglich unwirklich und schwer zu begreifen. So auch damals beim Fall der Mauer, als sie glaubte, die schicksalsgebundenen Verstrickungen hätten ein jähes Ende gefunden. Ganz gleich ob Mauren oder Türme fallen, immer wird auch etwas anderes mit zu Fall gebracht und sei es die trügerische Vorstellung einer dauerhaften Sicherheit und Geborgenheit.

Es gab Zeiten, da kam es ihr vor, als wäre all das zu Lebende bereits in ihr angelegt und sie bräuchte es nur abzurufen. Als gäbe es ein Sein vor dem Sein, wenn auch versteckt hinter Mauern und Grenzen.

Distanz und Nähe

Bei dem Gedanken, wie sie hätte behandelt werden wollen, wenn nicht sie es gewesen wäre, die dieses schwere Schicksal zu ertragen hatte, musste Thea unwillkürlich an ihre beiden Töchter denken. Ella im Alter von 30 und Tinka im Alter von 27 Jahren hatten beide einen Verlust erlitten, der ihnen die Vorstellung von einer ungetrübten Zukunft nahm.

Der Tod hatte nicht nur angeklopft. Er war in ihr Leben getreten. Hatte sich breit gemacht. Zuweilen so breit, dass die Sonne, die sich eigentlich in ihrem Antlitz spiegeln sollte, nicht mehr zu sehen war. Ihr Leben muss phasenweise einer seelischen Sonnenfinsternis geglichen haben.

Wenn ein Mensch im hohen Alter stirbt, stirbt die Vergangenheit und für Thea war, durch Nathans frühen Tod, neben der Vergangenheit auch die Zukunft gestorben. Jedenfalls eine Zukunft, wie sie sich Familie Marsen mit ihrem nunmehr erwachsenen Sohn und Bruder gewünscht hätte.

An welchem Punkt ihrer Lebensreise befanden sie sich? Saß Alex noch neben Thea. Thea neben Ella und Ella neben Tinka? Oder bewegten sie sich streckenweise auf anderen Gleisen? Gab es überhaupt jemanden, der für sie und die Töchter die Weichen stellte? Oder befanden sie sich bereits auf einem Abstellgleis? Und die Frage, wie die Mädchen mit dem Tod ihres Bruders zu recht kamen, beschäftigte sie aufs Neue.

Unwillkürlich musste Thea daran denken, dass Alex und sie früher immer wieder von ihren Töchtern als von den *Madels* sprachen, so als wären es Zwillinge. Wenn Thea an ihre eigene Kindheit dachte, so hatte sie sich oft nach einer Zwillingsschwester gesehnt. Dreizehn Jahre lagen zwischen ihr und ihrer Schwester Liese. Zehn Jahre zwischen Didi, ihrem Bruder, und ihr. Der große Altersabstand hatte dazu geführt, dass Thea sich oft übersehen und ausgeschlossen fühlte. Besonders dann, wenn in ihrem

Beisein bewusst polnisch gesprochen wurde. Eine Sprache die sie nicht verstand.

All zu sehr hatte sie sich eine Schwester gewünscht, mit der sie sich hätte austauschen können. In ihrer ureigenen Sprache über Gott und die Welt. Und wenn es sein musste auch mal aus dem Weg gehen. Aber nur um von neuem wieder aufeinander zuzugehen.

Ein Spiel aus Nähe und Distanz, Kommen und Gehen. Thea fiel auf, dass dieses Spiel ihr Leben maßgeblich bestimmte. Nicht nur dann, wenn sie auf Grund ihrer Altersweitsichtigkeit, vor dem Spiegel stehend, immer wieder mal auf Distanz gehen musste. Distanz schafft Nähe sollte nicht nur im Anbetracht des Spiegels ihr Leitspruch werden.

Ansichtssache

„Wohin?“, dachte Thea, als der Zug in den Bahnhof einrollte. Sie neigte dazu, nicht einsteigen zu wollen. Überhaupt mochte sie in keinen Zug mehr einsteigen. Vielmehr wollte sie dort sitzen bleiben, wo sie in ihren Gedanken zu Hause war. Dennoch bestieg sie nach kurzem Zögern den Zug, um ihn sogleich in der nächsten Station wieder zu verlassen. Sie sah Menschen mit dicken Paketen und Koffern zum Ausgang eilen und ließ sich durch überfüllte Bahnhofshallen nach draußen katapultieren.

Vor dem Bahnhof standen einige Tische und Bänke. Thea kaufte sich einen Kaffee und setze sich auf einen der freien Plätze. Es tat gut, das Leben da draußen vorbei ziehen zu sehen. Was für unterschiedliche Menschen es doch gab. Doch diese berührten sie nicht. Was Thea berührte, waren die Tränen, die lautlos und völlig unvermittelt über ihre Wangen rollten.

Was war nur mit ihr geschehen? Unmittelbar fühlte sie sich in die Zeit versetzt, als sie im Alter von sechs Jahren von der Caritas mit der Bahn in den Westerwald verschickt wurde. Zu Pflegeeltern, die ihr unmissverständlich und nachwirkend zu verstehen gaben, dass sie einen Rotschopf mit Sommersprossen, wie sie Thea nannten, nicht haben wollten. Thea wusste nicht mehr, was sie damals gefühlt hatte, aber sie konnte sich noch gut besinnen, wie sehr sie sich zusammengenommen hatte, um sich ihre Traurigkeit über ihre Ablehnung nicht all zu sehr anmerken zu lassen.

Warum die Tränen abermals aus ihr heraus flossen war ihr nicht ganz klar, aber sie spürte, dass es etwas mit der Erkenntnis zu tun hatte, dass alles, wie es nun einmal war, gut war. Denn Thea wurde mit einem Mal bewusst, dass es damals nicht ihr Problem war, dass sie mit ihren roten Haaren und Sommersprossen abgelehnt wurde. Heute weiß sie, Sommersprossen sind auch nur *Gesichtspunkte*, mit denen man gut und gerne leben kann.

Das war eine Sichtweise, die ein vollkommen anderes Licht auf ihr Leben warf. Plötzlich fühlte sie sich nicht mehr klein und wehrlos. Sie war aus ihrer Opferrolle herausgetreten. „Alles Ansichtssache" murmelte sie in sich hinein, während sie weiter vorbehaltlos über ihr Leben nachdachte. Wo sollte sie anfangen, wo aufhören? Einzig und allein bei sich. Schließlich war sie es, die diese Welt zu begreifen versuchte. Zugegebenermaßen, es war nicht gerade die beste aller Welten, in die sie hineingeboren war. Doch in früheren Zeiten, als Plünderungen und Raubüberfälle an der Tagesordnung waren, wollte sie auch nicht gelebt haben. Unvermittelt von einem Morgenstern *eins übergebraten* zu bekommen, war sicherlich auch kein Kinderspiel.

Als zehnjähriges Mädchen, es muss zur Zeit der Kubakrise gewesen sein, hatte Thea einen Traum, der sie noch viele Jahre beschäftigen sollte. Im Traum wurde sie Zeugin von Kämpfen, die sich in einer Arena vor Zuschauern in einer fremden Welt abspielten. Vor ihren Augen wurden Kämpfe ausgetragen, bei denen so lange gefochten wurde, bis ein Kämpfer tot auf dem Boden lag. Und Thea saß mitten im Kampfgeschehen. Sie musste, wenn auch nur im Traum, mit ansehen, wie immer weiter gekämpft wurde, während die aufgebrachte Masse wild tosend applaudierte. Mit dem Erwachen hatte Thea das Gefühl, wieder einmal am falschen Ort gewesen zu sein.

Welch denkwürdige Bilder hinterlässt doch das Leben in unseren Träumen und Vorstellungen. Wenn Thea in den Nachrichten mit ansehen musste, wie hier und da eine Bombe hochging, wurde ihr klar, dass der distanzierte Blickwinkel aus dem Fernsehsessel auch keine Lösung sein konnte.

Schließlich saß ihr der 11. September noch immer in den Knochen. Sie und Alex waren damals in Istanbul und mussten mit ansehen, wie Fernsehbilder, wachgerufen während der morgendlichen Gebete eines Muezzins, den Berichterstattungen einen märchenhaften Charakter gaben.

Je nach Sichtweise sahen die Dinge manchmal ganz anders aus. Und *Große Weite Innen* stellt sich für uns oft erst dann ein, wenn wir bereit sind, überlieferte Ansichten und Meinungen in Frage zu stellen.

War es nur ein Traum?

Sie war sich nicht sicher. Eben noch hatte sie neben Alex gesessen. Gemeinsam waren sie unterwegs auf einer Zugreise. Auf einer der vielen Stationen war Alex ausgestiegen, zum nahen Kiosk gelaufen und als er sich wieder zum Zug begeben wollte, hatte dieser sich bereits in Bewegung gesetzt. Thea musste mit ansehen wie Alex eiligen Schrittes für eine Weile neben dem Zug herlief, wild mit den Armen fuchtelnd, so als wollte er ihr noch etwas zurufen. Doch wenn ein Zug erst einmal ins Rollen gekommen ist, gibt es kein Zurück.

Es war zu spät. Der Zug war abgefahren. Nicht nur für Alex. Auch für Thea, die nun allein weiter reisen musste. Ohne Fahrkarte, denn die Reiseunterlagen hatte Alex. Aber was noch viel schlimmer war, ohne Kontakt zur Außenwelt, denn das Handy hatte sie zu Hause gelassen. Die Suche nach einem Schaffner, der ihr gegebenenfalls hätte weiter helfen können, blieb auch erfolglos. Hinzu kam, dass sie in der großen Aufregung vergessen hatte, sich den Namen des Bahnhofs einzuprägen, an dem Alex ausgestiegen war. Was sollte sie tun?

Allein unterwegs. Das rief Bilder der Kindheit in ihr wach. Mit fünf Jahren, noch lese- und schreibunkundig, hatte man sie von der Caritas zur Erholung auf eine weite Reise geschickt. Zu einem Ort nördlich des Polarkreises. Über Tage und Nächte unterwegs, umgeben von Menschen, deren Sprache sie nicht verstand. Ohne Möglichkeit der Rücksprache mit der Mutter, denn zu einem öffentlichen Telefon hatte sie keinen Zugang und das Mobiltelefon war noch nicht erfunden. Eine Welle der Verlassenheit und der Einsamkeit jagte die andere. Es gab keinen sicheren Ort. Um den Hals trug sie eine Art Laufzettel, auf dem vermerkt war, wohin ihre Reise gehen sollte. Thea muss sich damals wie ein Paket gefühlt haben, abgegeben, abgestempelt, abgeschickt.

Dies lag zwar alles mehr als 50 Jahre zurück, doch was Thea noch heute als erwachsene Frau bewegt, war nicht losgelöst von dem, was sie damals als Kind empfunden hatte. Auf gefühlsmäßiger Ebene gab es für sie keine abgearbeitete Vergangenheit. Alles war und blieb gegenwärtig. In ihrem Inneren abgelegt. Abgespeichert wie auf einem Tonträger, für den es irgendwann einmal kein Abspielgerät mehr geben würde.

Was die Ortung betraf, so wäre damals, wie auch heute, ein Handy von Vorteil gewesen. Doch wenn das Funknetz unterbrochen, die Verbindung wie aufgehoben erscheint, kann nur das an Bedeutung gewinnen, was Erinnerung in uns wachruft. Und sei es ein verschwommenes Bild aus Tagen unserer Kindheit. Mit diesem Gedanken wie aus einem entrückten Traum erwacht, blickte Thea auf Alex, der tief und fest neben ihr schlief. Und wieder fragte sie sich: Was ist Traum? Was Wirklichkeit?

Reise nach Nagaoka

Vieles, was Thea in ihrem Leben erfahren hatte war in ihren Erinnerungen lebendig. So auch jene Einsichten, die sie während ihres Aufenthaltes in Japan sammeln konnte. Um sich den Wunsch erfüllen zu können, in einem buddhistischen Hospiz zu arbeiten, erschienen ihr drei Dinge wesentlich: Erfahrung in der Sterbe- und Trauerbegleitung. Grundkenntnisse der japanischen Sprache und die Bereitschaft, sich mit dem Buddhismus auf praktischer Ebene auseinander zu setzen.

Erfahrung in der Trauer- und Sterbebegleitung, sowie Kenntnisse der japanischen Sprache hatte sie sich bereits über Jahre angeeignet. Nun fehlten ihr nur noch Kontakte. Die Adresse des Hospizes fand sie im Internet. Thea hatte Glück, von Ohno, der Familie des Chefarztes, aufgenommen zu werden, so dass sie sich während ihres sechswöchigen ehrenamtlichen Einsatzes nicht um Unterkunft und Verpflegung kümmern musste. Ferner konnte sie auf diese Weise, in abendlichen Gesprächen mit der Familie, die Erfahrungen vertiefen, die sie während ihres täglichen Arbeitseinsatzes gesammelt hatte.

Erste Eindrücke auf dem Weg zum Hospiz beschrieb sie mit den Worten:

Noch nie in meinem Leben habe
ich so viel Schnee an einem Ort
gesehen. Wir mussten das Auto
stehen lassen, und zu Fuß durch
den tiefen Schnee zur Arbeit
stapfen. Als wir auf dem Parkplatz
des Krankenhauses ankamen,
sahen wir dort eine Frau, die
verzweifelt nach ihrem Auto
suchte. Unter den Schneemassen,

die sich über Nacht aufgetürmt
hatten war es nicht mehr ausfindig
zu machen.

Mit dem Blick auf diese schneeverwandelte Landschaft wurde Thea unverhüllt vor Augen geführt, wie sehr sich Menschen und Gegebenheiten unserer Einsicht entziehen. Erst wenn wir sie und uns von dem umgebenden Ballast befreien, können wir vieles mit reinem Herzen erkennen. Und so klopfen sich Thea und Dr. Ohno erst einmal gegenseitig den vielen Schnee von den Schultern, bevor sie das Hospiz im Krankenhaus betraten.

Im Hospiz wurde Thea zunächst vom Krankenhauspersonal in Empfang genommen. Eine Verbeugung folgte der nächsten, so dass sie am Abend das Gefühl hatte, um einige Zentimeter geschrumpft zu sein. Die Hospizbewohner begrüßten Thea mit Offenheit und Wärme, auch wenn einige zuvor noch nie einem „gaijin" – wie sie die Ausländer bezeichnen – zu Gesicht bekommen hatten.

Frau Yamamoto, eine Hospizbewohnerin, sprach Thea sogleich mit den Worten Mukashi...Mukashi... (es war einmal) an, um ihr mit einer weit ausholenden Geste ein japanisches Märchen zu erzählen. Thea hatte den Eindruck, dass sich in ihrer Geschichte etwas schichtete, was einst ihr Leben ausgemacht hatte. Sie meinte jene lebendige Quelle zu vernehmen, aus der heraus Frau Yamamoto ihre Erzählung schöpfte.

Die vertrauensvolle Atmosphäre, die während des Märchenerzählens entstanden war hatte dazu geführt, dass Frau Yamamoto vorschlug, mit Thea gemeinsam den Hausaltar aufzusuchen. Dort fühlten sie sich vom Antlitz einer Gelassenheit und Güte ausstrahlenden Buddhastatue freundlich empfangen. Blumen und brennende Kerzen schmückten den Raum.

Nachdem Frau Yamamoto eine Schale vor der Buddhastatue zum Klingen gebracht hatte, zündete sie ein Räucherstäbchen an. Aufsteigender Rauch vermischte sich mit dem Geruch von Körperausdünstungen und Medikamenten. Immer wieder vernahm Thea den hellen und klaren Klang einer Tempelglocke, denn mehr und mehr Besucher füllten den Raum. Nach dem Besuch im Tempel machten Thea und Frau Yamamoto einen Abstecher in den Aufenthaltsraum.

Dort angekommen deutete Frau Yamamoto auf ein außergewöhnliches Kissen auf dem Sofa und begann sogleich ihre Geschichte des Kissens zu erzählen:

„Es war vor einigen Monaten. Ich hatte mich nach einer Besichtigung des Hospizes entschieden hier einzuziehen. Als erstes fiel mir dieses Kissen mit dem Katzengesicht auf. Nur sah es damals ganz anders aus. Ein Auge fehlte und ein Ohr hing auch schon am seidenen Faden. Das hat mich damals sehr traurig gemacht. Darum habe ich mir von einer Krankenschwester Nadel und Faden geben lassen und dem Katzengesicht ein zweites Auge verpasst."

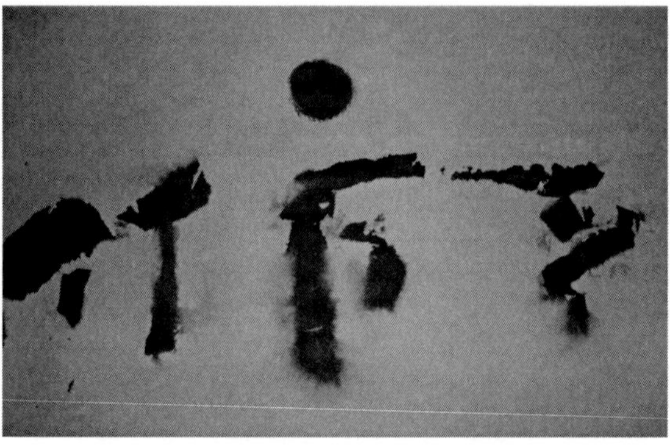

Auf das Kissen deutend fügte Frau Yamamoto selbstkritisch hinzu: „Passt zwar nicht ganz zu dem anderen Auge." Worauf Thea bemerkte: „Das macht das Kissen so einmalig." Diese Bemerkung zauberte ein Lächeln auf Frau Yamamotos blasse Lippen. Stund an waren sie Freunde.

Sora Nemuri – Himmelsschlaf

Wenn der Lebensraum eines Menschen sich mit fortschreitender Zeit zunehmend verkleinert, können unscheinbare Dinge manchmal recht bedeutungsvoll werden. Thea sah es stets als ihre Aufgabe an, die Welt eines Hospizbewohners zu schützen, auch wenn diese nur weinige Quadratmeter umfasste.

Es war Frau Yamamoto, die Thea immer wieder in ihre kleine stille Welt einlud. In eine Welt, in der Thea bei einer Tasse Tee und Reisgebäck, mit dem Blick auf tanzende Schneeflocken stundenlang verweilen konnte. In solchen Momenten sprach Frau Yamamoto gern von ihren zahlreichen Bergtouren, wobei sie mit ihren Händen über die Bettdecke strich, als wollte sie die Silhouette einer Gebirgslandschaft nachbilden. Während solcher Gespräche kam Frau Yamamoto gelegentlich auf ihre Teezeremonien zu sprechen, durch die sie, wie sie immer wieder beteuerte, Kraft schöpfe. Dies nahm Thea zum Anlass sie zu fragen, ob sie sich vorstellen könnte, eine Teezeremonie für das Hospiz zu gestalten. Nachdem Frau Yamamoto mit Freude zugestimmt hatte, fühlte sich Thea aufgefordert dieses Vorhaben in die Tat umzusetzen und alle nötigen Utensilien herbeizuschaffen.

Für alle, die an dieser Zeremonie teil hatten, Patienten, Ärzte, Pflegepersonal und Angehörige, entwickelte sich dieses Ereignis zu einer unvergesslichen Begegnung. Mit Rührung nahm Thea wahr, wie ein gleichfalls vom Tode gezeichneter 89-jähriger Patient von Frau Yamamoto eine Schale Tee gereicht bekam. Und als dann just auch noch der von allen hoch verehrte Professor Takashima *hereinschneite,* schien die Teezeremonie für Frau Yamamoto einen Höhepunkt erreicht zu haben.

Man konnte Frau Yamamoto die Freude ansehen, die es ihr bereitete, endlich einmal die Gebende und nicht immer nur die Empfangene zu sein. Außerdem war es ihr gelungen in einer Gesellschaft, in der die Rangordnung im zwischenmenschlichen Zusammenleben noch immer eine große Rolle spielt, von einem gesellschaftlich höher stehenden Menschen mit Ehrerbietung und Respekt behandelt zu werden.

Während ihres Aufenthaltes in Japan hatte Thea nicht nur die Gelegenheit in eine völlig andere Kultur einzutauchen. Durch das Erleben fremder Sitten und Bräuche wurde sie auf andere Formen der Menschenwürde aufmerksam gemacht. Als Dr. Ohno eines Tages auf das Thema zu sprechen kam, stellte sich heraus, dass viele Japaner mit dem Begriff „Würde des Menschen" nichts anfangen können. Warum auch. Schließlich findet die Würde von Menschen, wie Thea selbst erlebt hatte, in täglichen Verbeugungen und Ehr gebietenden Handlungen so viel Ausdruck, dass es nicht nötig zu sein scheint, diese auch noch sprachlich hervor zu heben.

Auch konnte Thea sich nicht erinnern, die vielen Verbeugungen je als *Katzbuckeln* empfunden zu haben. Im Gegenteil, oft hatte sie den Eindruck, dass gerade in den Momenten, in denen sich Menschen voreinander oder vor ihrem Schicksal verneigen, dies als eine hohe Form der Achtsamkeit und Wertschätzung angesehen wird.

Als eine andere Form der Wertschätzung erlebte Thea die Auszeiten im Hospiz. Ob am Schreibtisch kopfüber, in ausgestreckter Pose auf dem Stuhl oder als *Sora Nemuri,* was wörtlich übersetzt *vorgetäuschter himmlischer Schlaf* bedeutet, verlebten Ärzte und Krankenschwestern schöpferische Auszeiten. Als Thea einmal Sehnsucht nach solch einer Ruhephase verspürte und sie sich während einer Arbeitspause einen *himmlischen Schlaf* gönnte, wurde ihr diese Haltung hoch angerechnet. In ihrem Zeugnis war zu lesen: „Frau Marsens vertrauensvolle Hingabe war enorm. Sie schlief sogar während der Arbeit". Von einer Übersetzung in ihren Lebenslauf aber nahm sie Abstand. Wer weiß, welche Deutung die Geschichte vom Himmelsschlaf am Ende noch erfahren würde.

Das stumme Sprechen der Blumen

Es gehörte zum täglichen Arbeitsablauf des Hospizes, dass man sich vor dem buddhistischen Altar versammelte. Und so saß Thea allmorgendlich mit Hospizbewohnern, die noch im Schlafrock und Bademantel, gerade dem Bett entstiegen waren, in der blumengeschmückten Tempelhalle. Eines Tages sollte sie dort Tomoko kennen lernen. Tomoko betrat das Hospiz mit einem farbenfrohen Blumenstrauß.

Während sie die Blumen im Hospiz verteilte kamen sie über die Kunst des Blumensteckens ins Gespräch. Nachdem Thea ihr Interesse an der Blumengestaltung bekundet hatte, wurde sie von Tomoko eingeladen, sie bei ihrer Arbeit zu unterstützen. Zuerst kümmerten sie sich um alle verwelkten Blumen. Doch bevor Tomoko diese entsorgte, verneigte sie sich vor jeder Blume einzeln. Diese Ehrerbietung gegenüber allem was lebt, ist Thea als unvergesslich in Erinnerung geblieben.

Nachdem Tomoko und Thea die Blumen mit frischem Wasser versehen hatten, kamen die Topfpflanzen an die Reihe. Mit einer großen Gießkanne zogen sie durch das Hospiz. Auf Theas Frage, wie viel Wasser die einzelnen Pflanzen benötigen, gab ihr Tomoko zu verstehen: „Nun, das weiß ich auch nicht so genau. Das ist von Pflanze zu Pflanze unterschiedlich." Den Kopf unschlüssig hin und her wiegend, fügte sie nach einigem Zögern hinzu: „Es ist wie mit den Menschen. Die brauchen auch alle unterschiedlich viel Zuwendung." Durch Tomoko hatte Thea gelernt, dass Blumen in einem Hospiz eine wichtige Rolle spielen. Zuzusehen wie sich eine Knospe öffnet und wieder schließt, kann für einen sterbenden Menschen zu einem Ereignis werden, bei dem er sich selbst als Teil der Natur erfährt.

Herr Iban, ein achtundachtzigjähriger Hospizbewohner, sprach gerne und ausführlich über seine reichhaltigen Erfahrungen auf dem Gebiet der Kunst und sein Zimmer war angefüllt mit Schriftrollen alter Meister. Wann immer Thea Herrn Ibans Zimmer betrat, war er emsig damit beschäftigt, seine Schätze zu ordnen. Und wenn er erst einmal einen Ansprechpartner gefunden hatte, war er in seinem Redefluss nicht mehr zu bremsen. Seine Monologe waren ausschweifend, denn er redete ohne Punkt und Komma. Außerdem sprach er einen Dialekt, den kaum jemand verstand, hatte kaum noch Zähne und war auch noch hochgradig schwerhörig, so dass eine Unterhaltung fast unmöglich war. Dennoch wurde Thea, dank Togoshi, eines Tages Zeuge einer einfühlsamen Unterhaltung.

Togoshi, der Sozialtherapeut des Hospizes, tat eigentlich nichts anderes, als Herrn Iban reden zu lassen, ohne selber auch nur ein Wort zu sagen. Die einzige Art und Weise, wie er den Kontakt mit dem schwerhörigen Patienten aufrecht hielt, war sein sichtlich ausdrucksstarkes Mienenspiel. Seiner Mimik zur Folge nahm er all die Worte von Herrn Iban in sich auf. Diese mit einem Maximum an Gestik zum Ausdruck gebrachte Anteilnahme hinterließ bei Thea einen tiefen Eindruck. Anstatt dem Gesprächspartner seine eigenen Gedanken durch Wiederholen oder Hinterfragen des Gehörten zu spiegeln, tat Togoshi nichts anders, als einfach nur da zu sein. In einer Weise, die Achtsamkeit und höchste Präsenz erkennen ließ.

Nachdem Thea und Togoshi das Zimmer von Herrn Iban verlassen hatten, fragte sie den Sozialtherapeuten, was Herr Iban denn gesagt hätte, worauf Togoshi kopfschüttelnd bekannte: „Ich habe kein einziges Wort verstanden." Erstaunt und erleichtert zugleich zog Thea aus dieser einfühlsamen Begegnung die Erkenntnis, dass es manchmal hilfreicher sein kann, die Stimmung des Gehörten zu erspüren, als das Gesagte verstehen zu wollen.

Auf all die vielen Ereignisse des Tages zurückblickend, kam Thea noch einmal auf die vielen Blumen im Hospiz zu sprechen und stellte mit eigenem Erstaunen fest: „Wie die Blumen ohne Ziel, ohne Absicht, um keinen Erfolg bemüht, so sollten wir lernen mit sterbenden Menschen umzugehen!"

Türen zu einer anderen Welt

Die Zimmer im Hospiz waren durchweg individuell gestaltet und hatten wenig Ähnlichkeit mit einem gewöhnlichen Krankenzimmer. Bilder an den Wänden und mitgebrachte Hausaltäre boten Gelegenheit mit den Hospizbewohnern ins Gespräch zu kommen. In einem Zimmer hockte auf einem Podest aus Reismatten ein kleines Mädchen neben dem Bett ihrer sterbenden Großmutter. Während diese im Halbdunkel etwas vor sich hin murmelte, war die Kleine damit beschäftigt, Vögel als Glücks- und Friedensbringer aus Papier zu falten. An den Fenstern klebte bereits eine stattlich Zahl von „tsurus", wie diese Zugvögel genannt werden.

Zu den Aufgaben im Hospiz gehörten auch das Zusammenlegen von Wäsche und das Verarbeiten von Altkleidern zu Putzlappen. Thea erlebte diese Tätigkeiten als anregend und sinnstiftend zugleich, da sie Gelegenheit zu absichtslosen Gesprächen boten.

Die Türen zu den Sterbezimmern waren in der Regel geöffnet, während Vorhänge dafür sorgten, dass eine sichtliche Trennung entstand. Auf diese Weise waren die Sterbenden abgeschirmt, ohne von der Außenwelt abgeschnitten zu sein. Manchmal hörte man ein Murmeln, Stöhnen oder leises Beten hinter den Vorhängen. Es wurde alles getan, um die Privatsphäre der Hospizbewohner zu bewahren. Deshalb klopften alle, wenn auch nur symbolisch, mit den Worten an: „Shitsurei shimasu!" (ich bitte um Verzeihung!), bevor sie ein Zimmer betraten.

In der Geborgenheit und Abgeschiedenheit des Hospizes wurde es, wenn auch nur für Momente möglich, der äußeren, lauten Welt die Stille eines nachdenklichen Innenraumes abzutrotzen. Eine Stille, aus der heraus sich etwas ereignen konnte, was zuvor nicht möglich gewesen wäre. Wie bei Muscheln, wenn sie sich auf den Boden eines stürmischen Ozeans fallen lassen und beginnen aus tiefer Versunkenheit Perlen zu bilden.

Thea war bewusst geworden, wie sehr Verletzung und Perlenbildung miteinander verbunden sind. Vielleicht – so kam es ihr jetzt in den Sinn – kam das Wort Niederlage von Niederlegen und hatte wohlmöglich etwas mit Geburt oder *Nieder-kunft* zu tun. So als ob etwas, auf den Grund eines anderen Seins niedergelegt, Ruhe und Gelassenheit finden konnte. Sterben empfand Thea zunehmend wie eine sich andeutende Niederkunft.

Wie werdende Mütter, die Wehen als Vorboten eines großen Ereignisses zu deuten wissen, schienen Menschen im Hospiz in Japan dem Tod mit Neugier zu begegnen. Thea sah sich als Hebamme, die die Aufgabe hatte, dem Tod wie einer sich ankündenden Geburt zu begegnen. Der Trost, den sie Menschen in der Nähe des Todes zu geben hoffte, lag für sie weniger in der Linderung ihrer Leiden, als vielmehr in ihrer Bereitschaft, das Leid gemeinsam zu tragen.

Die Begegnungen in der Nähe des Todes hatte Thea schon damals, drei Jahre vor Nathans Tod, gelehrt, Niederlagen als Chancen wahrzunehmen. Und so übt sie sich fortan in der Annahme dessen, was sie nicht zu ändern vermag. Verlust und Trauer als Möglichkeit zu innerem Wachstum zu betrachten.

Eine andere Sicht

Die vielen Gespräche mit dem Arzt des Hospizes hatten dazu geführt, dass sich Thea ausgiebiger mit dem Thema Schmerzen auseinandersetze. Nach seinen persönlichen Erfahrungen auf dem Gebiet der Schmerztherapie befragt, gab ihr Dr. Ohno zu verstehen:

> *„Wenn ich einem Patienten*
> *gegenübertrete, der unter starken*
> *Schmerzen leidet, kann es schon*
> *einmal vorkommen, dass bei*
> *mir der Wunsch entsteht, ihm*
> *sein Leiden sofort zu nehmen.*
> *Denn der Schmerz des Patienten*
> *kann zuweilen auch bei mir*
> *ein Unbehagen hervorrufen.*
> *Zugegebenermaßen bin ich es*
> *dann, der die Schmerzen nicht*
> *aushalten kann.“*

Ferner betonte Dr. Ohno, dass, wenn er einen Patienten *ruhig stelle,* dieser keine Möglichkeit habe mit ihm zu kommunizieren. Aus diesem Grund zöge er es vor, den Schmerz erst einmal genau anzuschauen. Das bedeute, dass er viel Zeit mit dem Patienten verbringt. Sei es, dass der mit ihm einen kleinen Ausflug in ein nah gelegenes Kaffeehaus unternimmt oder sich längere Zeit in seiner Nähe aufhält. Einem Patienten zugewandt auch einmal zu verstehen gibt: „Ich weiß nicht, welches Leiden Sie gerade empfinden, aber schauen Sie sich den Schmerz in ihrem Körper doch einmal in aller Ruhe an. Vielleicht stellen Sie sich all ihr Leiden wie eine Felsenkette vor, die Ihnen gerade die Sicht auf Ihr Leben verstellt.“

Von Dr. Ohno hatte Thea gelernt, dass man Schmerzen auch begegnen könne, indem man sie losgelöst von allem Anspruchsdenken betrachtet. Wenn wir den Schmerz wie einen Felsen, mal mit Distanz, dann wieder aus nächster Nähe betrachten, können wir sehen, was er für uns verborgen hält. Wir bekommen Einsicht in einen anderen Aspekt unseres Seins. Vielleicht erkennen wir jetzt die Botschaft hinter unserem Leiden.

Eines war Thea bewusst geworden: Allein der Blickwinkel, aus dem heraus wir einen leidenden Menschen ansehen, kann seinen Krankheitsverlauf beeinflussen. Die Sichtweise enthüllt, ob wir im *Augen-Blick* geistesgegenwärtig genug sind. Ob wir mit all unserer Achtsamkeit und Wahrnehmung bei einem Menschen sind. Ihn in seiner Gegenwärtigkeit „für wahr" nehmen. Ein so angeschauter, in seinem Sein gesehener Mensch, kann dann vielleicht eher einen Zugang zu seiner eigenen Kraftquelle finden.

Viele Menschen erleben sich heutzutage getrennt von dieser Quelle. Es entsteht so etwas wie *spiritueller Schmerz.* Dieser auch als Gottesferne empfundene Schmerz ist für Japaner schwer nachvollziehbar, da ihr Gottesbegriff ein andrer ist. Gott wird, im buddhistischen Sinn, nicht als von außen kommende Größe erfahren, sondern als eine, der Natur innewohnende, vielgestaltige Kraft. Diese Sichtweise findet in unterschiedlichen Gesichtern und Geschichten von Gottheiten einen lebendigen Ausdruck.

Die Erde bebt

Es ist nahe liegend, dass in einem von Erdbeben erschütterten Land wie Japan, die Gefahr von Erschütterungen im Bewusstsein der dort lebenden Menschen verankert ist. Nicht nur während der ununterbrochenen Berichterstattungen im Fernsehen, allerorts spürt man die unkontrollierbare, selbstbewusste Kraft, die die Erde in ihrem Innersten von Zeit zu Zeit bewegt. So ist es auch nicht verwunderlich, dass das japanische Wort *Jishin*, jeweils anders geschrieben, sowohl Erdbeben als auch Selbstbewusstsein bedeuten kann.

Diese *Jishins* betreffend sind Thea zwei Erlebnisse im Gedächtnis geblieben. Zum einen in einem der vielen Wolkenkratzer in Tokyo. Auf dem Weg zur Toilette im 23. Stockwerk blieb Thea unvermittelt vor ihrem Spiegelbild stehen. Fiktion oder Realität? Auf einmal schien es ihr, als würden sich die Grenzen zwischen ihr und ihrer Umgebung verwischen. War das noch ihr Spiegelbild? Es kam ihr vor, als blicke sie auf eine andere Erscheinung. Nicht nur ihr Bild im Spiegel verzerrte sich. Zu allem Übel fing auch noch der Boden unter ihren Füssen dermaßen an zu schwanken, dass sie zeitweise den Spiegel aus den Augen verlor. Ohne viel zu überlegen lief sie so schnell sie konnte zu ihrer japanischen Freundin, die seelenruhig vor der Tür auf sie wartete. Chie, die Erdbebenerprobte, schien diesem Ereignis keine besondere Bedeutung beizumessen.

Völlig anders hatten dagegen die Kinder von Dr. Itano, einem anderen Arzt des Hospizes, reagiert. Thea hatte einen Tag mit seiner Familie und den drei Kindern verbracht. Am Ende des Tages sprangen Toyoe, Norie, Naoaka plötzlich mit schreckverzerrten Gesichtern vom Abendbrottisch auf, als alle ein lautes Tosen vernahmen. Alle Menschen im Raum, die Kinder voran, rannten, vom ohrenbetäubenden Lärm verfolgt, so schnell sie konnten, auf die Straße, um sogleich voller Erleichterung festzustellen, dass es sich nur um eines der vielen Feuerwerke handelte, die in Nagaoka alljährlich zur Winterzeit abgefackelt werden.

Während eines heftigen Bebens vor zwei Monaten, so hatte man Thea erzählt, wurden die Kinder von Dr. Itano von ihren Eltern getrennt und an einen sicheren Ort gebracht, sodass ihnen, wie Thea deutlich nachempfinden konnte, der Schrecken noch immer in den Gliedern saß.

An vielen Stellen waren Spuren längst vergangener Beben zu erkennen: Risse in Mauern und Wänden. Löcher in Fenstern und Türen. Es gab Skilifte und Bergpässe, die noch immer verschüttet waren. Angesichts der vielen kleinen und größeren Nachbeben schien es unangebracht, die Schäden sofort zu beseitigen. Das einzige, was man sofort reparierte, waren die Dächer der Häuser, die extra so leicht gebaut waren, damit Menschen bei Beben kleinster Stärke alarmiert, das Weite suchen konnten.

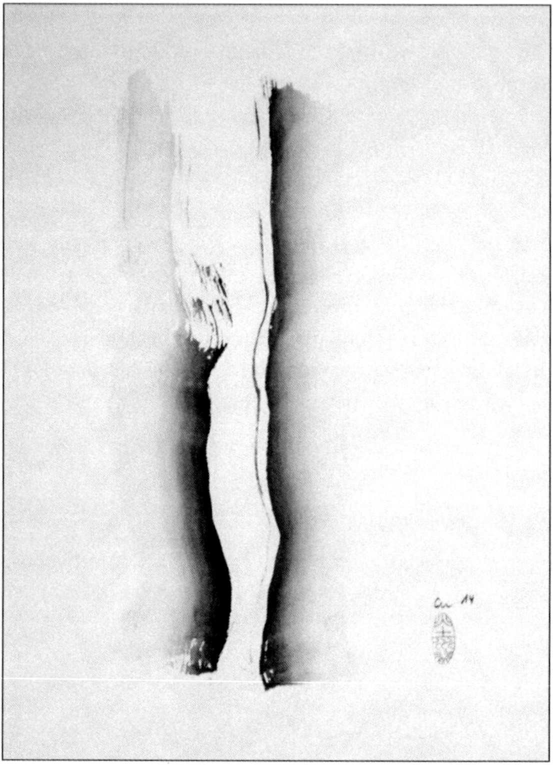

Gegenwart des eigenen Vergehens

Allmorgendlich ging eine Krankenschwester mit einer Mülltüte und einem Staubtuch durch die Zimmer des Hospizhauses. Die Gespräche, die sich dabei ergaben, hatten oft einen absichtslosen Charakter. Allzu gern übernahm Thea diese Aufgabe und nutzte staubwischenderweise Weise die Gelegenheit, Kontakt mit Hospizbewohnern aufzunehmen.

Eines Tages betrat sie das Zimmer von Frau Inui, die gerade im Schneidersitz auf ihrem Bett saß und Thea freundlich zulächelte. Während Thea den Staub von ihrer Bettkante wischte, fiel ihr Blick auf ein Poster an der Wand. Es zeigte einen Popstar in Lebensgröße. Auf das Poster deutend, versuchte sie in Erfahrung zu bringen, um welche Musik es sich bei dem Sänger handele. Da Frau Inui aber auf Grund eines Eingriffes an den Stimmbändern nicht sprechen konnte, musste Thea ihre Fragen so stellen, dass sie ihr auch ohne Worte *antworten* konnte. Das führte dazu, dass am Ende beide vor dem Kassettenrekorder hockten und ausgelassen im Rhythmus zu Frau Inuis Lieblingsmusik klatschten.

Inmitten dieses sprachlosen Spiels bemerkte Thea plötzlich, wie eine andere Patientin, Frau Ando, verzweifelt nach Luft rang und unvermittelt in tiefe Ohnmacht verfiel. Schnell eilte eine Krankenschwester herbei, mit der Thea vier Minuten lang, den Puls fühlend, an Frau Andos Bett verbrachte.

Thea konnte noch lange die eindringliche Stimme der Krankenschwester vernehmen, mit der sie immer wieder den Namen der Patientin rief, als wollte sie diese von einem anderen Ufer zurückholen. Wohin Frau Andos Reise auch geführt haben mochte, als sie schließlich in liebevoller Weise mit den Worten „irasshaimashita!“ (Herzlich Willkommen!) begrüßt, in die Welt des Hospizes zurückkehrte, nahm Thea, noch immer ihren Puls fühlend, wahr wie ein Strahlen von Frau Inui ausging, das den ganzen Raum erfüllte. Es kam Thea vor, als wäre sie Zeuge einer Grenz-Erfahrung geworden, bei der der Tod, gleich dem Leben, wie eine Ankunft gefeiert wurde. Eine Ankunft, die uns immer schon vorauseilt.

Thea hatte diese Todesnähe als *Gegenwart ihres eigenen Vergehens* selbst einmal erfahren. Mit ihrem Erwachen erkannte sie, wie unendlich nah Ankunft und Vergehen des Lebens beieinander liegen. Denn in der Gegenwart des Vergehens verliert sich die Zeit.

Menschen in ihrer Abschiedlichkeit zu begleiten, bedeutete für Thea, vor dem Sterbenden als Handelnder zurückzutreten. Ihm Raum und Zeit zu schenken, damit er sich nach innen wenden und seine eigenen Fragen stellen konnte. Sterbebegleiter waren für Thea nicht Menschen, die den Sinn erklären, sondern verschwiegene Zeugen, die halfen loszulassen, ohne fallen zu lassen.

Während einer von Theas Lieblingsbeschäftigungen wie Papierkörbe ausleeren oder Müll einsammeln, ergaben sich oft zwanglose Gespräche mit den Hospizbewohnern. Als Thea eines Tages das Zimmer von Herrn Kondo betrat, stand dieser wieder einmal vor dem Fenster, den Blick auf die entfernt gelegenen hohen Berge gerichtet. Auf die ferne Landschaft deutend sagte Thea unvermittelt: „Yama wa toi, ne?", was so viel bedeutet wie: „Fern sind sie, die Berge, nicht wahr?"

Eigentlich hätte Thea genauso gut sagen können: „Heute kann man die Berge gut sehen, weil die Luft so schön klar und trocken ist." Stattdessen brachte sie mit einer ausschweifenden Handbewegung zum Ausdruck, wie entrückt ihr vieles erschien. Diese Bemerkung löste bei Herrn Kondo eine tiefe Betroffenheit aus. Sichtlich berührt fügt er hinzu: „Ja, alles ist fern. Alles ist weit."

Thea konnte in diesem Moment spüren, wie sich ein seinem Lebensende nähernder Mensch in einer Landschaft verlor, die ihm sein seelisches Empfinden spiegelte. Diese Selbstverloren- oder Selbstvergessenheit, als Vorstufe eines endgültigen Abschiedes, hatte Thea damals verletzend und berührend zugleich empfunden.

Ein anderer Hospizbewohner, Herr Akayama, einstiger Kendo-Meister, erzählte oft und gern von seinen mit Bambusschwertern ausgeführten Kämpfen. Dabei erhielt seine in sich zusammengesunkene Gestalt, eine stattliche, von Schlagfertigkeit durchdrungene Haltung, die sich auch in seiner Wortwahl wider spiegelte.

Wie lebendig Vergangenes im Gegenwärtigen empfunden werden kann, erfuhr Thea während einer Unterhaltung mit Frau Saigo, einer neunzigjährigen Hospizbewohnerin, die Thea – wenn auch nur gedanklich – in ihrem Heimatdorf besuchen durfte. Da Frau Saigo Thea alles genaustens beschrieb, die Wege und Blumen in ihrem Garten, bis hin zum Rauschen eines nah gelegenen Wasserfalls, konnte Thea ihr bis in alle Einzelheiten folgen; so konnte sie sehen wie sich die Schiebetür öffnete und Frau Saigo als kleines Mädchen im farbenfrohen Kimono den Garten betrat. Dadurch, dass Thea mit ihr sah, roch, hörte und fühlte, erschloss sich ihr Frau Saigos Leben in seiner ganzen Fülle.

In den Momenten, in denen Theas Geist wie eine brennende Kohle war – wie sie ihn nannte – erlebte sie sich nicht nur als die, die sie über die Jahre geworden war. Sie fühlte sich zugleich wie die, die sie hätte werden können, wenn sie wie Frau Saigo in einem fernen Land, in einer fernen Zeit, geboren wäre. Was war schon Zeit? Wenn Thea heute noch einmal, wie damals mit fünfzig Jahren, ihre Schritte in das Hospiz nach Japan lenkte, fände sie an der Schwelle stehend nicht die Thea, als die sie einst ausgezogen war. Wir schreiten durch uns durch, kam es ihr in den Sinn und begegnen im Grunde immer nur uns selbst. Der, der das Drehbuch ihres Lebens einst verfasste, muss ohne Zweifel ein Teil ihres Selbst gewesen sein.

Abschied

Es ergab sich, dass Thea durch die Vermittlung einer Hospizmitarbeiterin Dorothee aus Nagano kennen lernen sollte. Nach zweistündiger Autofahrt durch eine tief verschneite Landschaft erreichte sie das Haus von Dorothee in Nagano. Mit großem Erstaunen blickte sie in das Gesicht einer Frau aus Deutschland mit kurz geschorenem Bubikopf und funkelnden Augen und einem Mund, der sie sogleich auf Japanisch ansprach. Thea verband mit Dorothee nicht nur eine Namensverwandtschaft. Sie war, wie sich herausstellte, im gleichen Jahr und Monat wie Thea geboren. Ursprünglich aus Kassel stammend lebte sie schon viele Jahre in einem Buddhistischen Tempel in Nagano zusammen mit ihrem japanischen Ehemann und ihren beiden Söhnen.

Nach einem kleinen Einführungsvortrag in die Gedankenwelt des Buddhismus wurde Thea von Dorothee in einen wunderschön gelegenen Bergtempel geführt, den sie zusammen mit ihrem Mann liebevoll restauriert hatte. Umgeben von bäuerlichen, zum Teil verfallenen Lehmhütten, bot der Tempel ein friedvolles, traumhaftes Bild. Im Eingangsbereich befand sich ein Bild mit dem Text: „Vollkommen werden wir als Mensch in diese Welt geboren. Genauso vollkommen kehren wir in das Meer zurück, aus dem wir einst kamen."

Ein kleiner Bergfluss, der in einen größeren Wasserfall mündete, schlängelte sich durch ein versunkenes Tal. Vom Rauschen des Bergwassers begleitet verbrachten Dorothee und Thea den Nachmittag meditierend. In Anbetracht des vielen Schnees, der so manches verhüllte, kamen ihr die Gedanken Zeamis, eines Zen Meisters aus dem 13. Jahrhundert in den Sinn: „Verhüllen heißt sehen. Nicht verhüllen heißt nicht sehen."

Auf die Zeit in Japan zurückblickend kam Thea vieles wie eine erkenntnisreiche Enthüllung vor. Hätte sie nicht alle Ereignisse in ihrem Tagebuch festgehalten, so wäre Thea geneigt gewesen, Vieles wie einen Traum zu betrachten. Aber auf Messer und Gabel in einem westlich angehauchten Restaurant blickend, kam ihr zu Bewusstsein, dass sie sechs Wochen lang nur mit Stäbchen gegessen hatte.

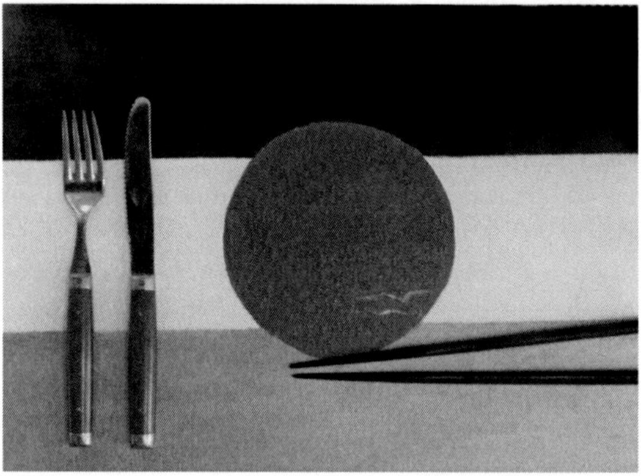

Sie konnte sich noch lebhaft an die Begegnung mit ihrer japanischen Freundin Chie erinnern. Nachdem sie bei strahlendem Wetter mit dem Fahrrad kreuz und quer durch Tokyo geradelt waren, kehrten sie in eine kleine Sushibar ein. Dort bot ihr Chie etwas von ihrer Speise zum Kosten an. Als Thea die Kostprobe ihrer Freundin mit ihren Stäbchen entgegennehmen wollte, rief diese voller Entsetzen: „Mach das bloß nie wieder!“ Dann erklärte sie Thea warum sie nie und nimmer Speisen von Stäbchen zu Stäbchen übertragen dürfe. Weil das an eine japanische Totenfeier erinnert, bei der in einem feierlichen Abschiedsritual Knochenreste eines Verstorbenen von Stäbchen zu Stäbchen weiter gereicht werden.

Wie unterschiedlich Abschied gestaltet werden kann, konnte Thea auch während der letzten Tage im Hospiz erfahren. Zu einer Abschiedsfeier, die sich über mehrere Tage hinzog, gesellte sich auch Frau Yamamoto. Als diese Thea bat, sie wieder einmal in Japan besuchen zu kommen, gab Thea ihr zu verstehen: „Gern, Frau Yamamoto, aber jetzt müssen wir uns erst einmal trennen." Kaum dass Thea dies ausgesprochen hatte, wurde ihr bewusst, dass ihre Heimat in Deutschland für Frau Yamamoto genau so weit entfernt erscheint wie für Thea das Land der Verstorbenen.

Mit dem Blick aus dem Fenster saßen beide noch eine ganze Weile schweigend nebeneinander. Sie ließen sich ein auf die Gegenwart des Vergehens. In ihrer Phantasie sah Thea das Bild einer Rose. Dazu kamen ihr die Worte einer jungen Japanerin in den Sinn, die vor kurzem verstorben war: „Nicht vergleichen. Nichts bedauern. Nicht klagen. Lass deine Blume wie die Rose in deinem Garten blühen. In dir ist Fülle!"

Liebe kennt keine Zeit

Durch die Begegnung im verschneiten Hospiz in Japan war Thea bewusst geworden, wie wichtig das Abschiednehmen ist. Wenn wir abschiedbereit leben, können wir erfahren, Teil eines großen Ganzen zu sein. Wir können zwar nicht erklären, warum wir etwas in einer bestimmten Weise tun, aber wir tun es, weil der Augenblick dies erfordert. Es uns wahrhaftig und unverzichtbar erscheint.

Vor ihrem Spiegelbild stehend war Thea immer wieder erstaunt zu sehen, was das Leben ihr alles ins Gesicht geschrieben hatte: Ein auf sich geworfenes Sein. Ohne Anspruch auf Fortsetzung. Nicht aufhören anzufangen. Immer wieder beginnen mit einem weißen Blatt. Ja, so wollte sie leben. Den Pinsel tiefer in die satte Farbe getaucht, um am Ende überrascht festzustellen, wie sich Schicht für Schicht etwas bildet, das in ihrem Inneren bereits angelegt erschien.

Erwacht aus tiefem Traum, ging Thea nachsehen, ob es die Welt da draußen noch gab. Immer wieder fragte sie sich, was sie dazu bewogen hatte, all die vielen Begebenheiten ihres Lebens zu Papier zu bringen. Wahrscheinlich, so kam es ihr in den Sinn, entsprang der Wunsch ihrer lebenslangen Sehnsucht, gesehen zu werden so wie sie war. Ganz gleich, was das Leben aus ihr gemacht hatte.

Eines Tages wachte Thea auf mit dem Gedanken, wie es wäre, wenn sie nicht mehr ist. Ihr Körper nicht mehr zu ihr gehörte. Gibt es die Welt außerhalb ihres Seins dann noch oder stirbt mit dem, der stirbt auch die Welt in der er lebt? Thea brauchte nicht lange auf eine Antwort zu warten. Wie aus einem fernen Spiegel hörte sie sich sagen: „Doch bevor ich gehe bleibe ich". Denn sie hatte noch Einiges vor. Nichts wollte sie auslassen. Sie würde weiter malen und schreiben. Tag um Tag zuversichtlicher werden im Erkennen dessen, was sie vermochte und was nicht.

Thea sah es als ihre Aufgabe an, ihr Leben vom Ende her zu betrachten. Das Gesicht hinter ihrem Gesicht, den Menschen hinter dem Menschen ausfindig zu machen. Der Künstlerphilosoph, dachte sie, will sein Leben in ein Kunstwerk verwandeln. Ein Unikat. Etwas nie da Gewesenes. Etwas Überraschendes. Er lässt sich von sich selbst überraschen.

Thea war es gewohnt zu schreiben wie sie malte. Ohne Absicht. Ohne Rücksicht auf Verläufe, zeitliche und räumliche Durchdringungen. Liebe kennt keine Zeit. In der Liebe ist alles gegenwärtig. Erlebtes, Gefühltes. Ein nimmer endendes Band, das alles einschließt. Vergangenes genauso wie Zukünftiges. In einem ewigen Jetzt.

Worte zum Geleit

I read the book. And then I read it again, and it has given me a feeling of peace and beauty. Of course I cried – "Die drei Männer in Schwarz" are a thread of horror that runs through the book and make Thea's pain so clear. However, the chapters in the Hospice in Japan are so soothing and the poems so spiritual. Most of all, I was moved by the chapter "In sternenklarer Nacht – Sie war es, die sich im Tanz erschuf". I also found that Thea's love for her husband Alex shone so wonderfully through many chapters, without her ever saying so. The beauty of words and the poetry of thoughts are incredibly moving. A book I will keep forever.

Patricia Baier

Danksagung

Mein Dank gilt all jenen Menschen, die mein Leben begleitet und mit Sinn erfüllt haben. Ich danke meinen Eltern für das Geschenk der Geburt. Meinen beiden Geschwistern für ihre Zugewandtheit. Meinen drei Kindern Ellen, Katrin und Cajus für die Lebendigkeit, die sie in mein Leben getragen haben und all den Menschen, denen ich nah sein durfte, sei es auf Reisen oder in meiner Begleitung Sterbender und Trauernder.

Ich danke Cornelia Nagel, dass sie mit ihren Tuschzeichnungen der *Großen Weite Innen* einen künstlerischen Raum gegeben hat. Patricia Baier und Katharina Marwede danke ich für ihre Worte zum Geleit. Vor allem bin ich meinem Mann Axel dankbar, der mir stets ein zugewandter und kritischer Ratgeber war.

Der edition bodoni (im Besonderen Herrn Johne und Frau Dr. Kouschil) verdanke ich die umsichtige und zielgerichtete Betreuung des Projektes.

Dorothea Stockmar

Vita Cornelia Nagel

seit 1982 Freiberuflich tätig mit eigenem Atelier in Berlin und Wesenberg

seit 1984 Unterrichtstätigkeit: „Keramik und Meditation"

1991 Leitung des Keramiksymposiums der Stiftung Kulturfond, Berlin

1996 Atelierstipendium in Kobe, Japan

1996/2000/2004 International Academy of Ceramics, Japan, Deutschland, Korea

1998/99/2000 Künstlerischer Austausch mit Kichizaemon XV. Raku, Kyoto

2010 Europäische Holzbrandkonferenz

Seit 1986 Ausstellungen

1996 Gallery B-Place, Kobe, Japan; Deutsches Generalkonsulat, Osaka, Japan

2000/2004 Gallery RERUN, Kobe, Japan; Ost-Asien-Gesellschaft, Kobe, Japan

2001 St. Petri, Kopenhagen, Dänemark

2002 Museum for Kunst, Kopenhagen, Dänemark

2003 Galleria Dworek Sierakowskich, Sopot, Polen

2003 Goethe-Institut und OAG Tokyo, Japan
2005 Altes Rathaus, Stettin, Polen
2006 Haus der Stille, Berlin
2009/10/11/12 Roji, Japanischer Garten, Bartschendorf
2009 Wassergalerie, Berlin
2013 Japanisch-Deutsches-Zentrum Berlin

Ausstellungsbeteiligungen
1999 Koksai Kaikan, Kobe, Japan
2005 Auswärtiges Amt, Berlin
2010 Deutsch-Japanische Gesellschaft Berlin; Expo Shanghai, China
2008-14 Ways of Art, Leipzig

Sammlungen
u.a. RAKU-Museum, Kyoto, Japan; Ostasiatisches Museum, Berlin

Wettbewerbe
1998 International Ceramics Competition 1998, Mino, Japan
1998 Wandgestaltung in der „New Kobe City Hall“, Kobe, Japan

Veröffentlichungen
u.a. Buch: Raku – Im Feuer Gezeichnet
Mitglied im Bundesverband Kunsthandwerk
Künstlergruppe „WAYS OF ART“

www.rakukeramik.com

Vita Dorothea Stockmar

1953 geboren in Schlesien, aufgewachsen in Berlin. Nach dem Abitur einjähriger Asienaufenthalt (Japan, Birma, Philippinen und Indien). Lebt und arbeitet als freie Künstlerin und Buchautorin in Celle und Berlin. Ausgebildete Sterbe- und Trauerbegleiterin.
Referentin zu Themen wie: Kommunikation, Sprachbilder – Bildersprache
Symbolisch-kreative Impulse zur Trauerbewältigung.
Ausstellungen, sowie *WortBildKlang* Installationen.

Nach dem plötzlichen Tod des jüngsten Kindes Auseinandersetzung mit Trauer in Bildern und Texten, veröffentlicht unter: „Ein Netz, das trägt", SANTIAGO Verlag 2010,
„Wie eine Welle vom anderen Ufer/Nach-Tod-Begegnungen zwischen Kunst und Psychotherapie", in Zusammenarbeit mit Juliane Grodhues, MEDU Verlag 2011,
„Anker, Kuh und Kompass – Wenn aus Trauersymbolen Hoffnungssymbole werden", MEDU Verlag 2012.
Zum Thema Sprachbilder erschienen: „WOMBADU – Verstehen Sie limbisch", MEDU Verlag 2014 und „OhneKommaOhnePunkt – Sprache zwischen Wort und Bild", edition bodoni 2015.
www.stockmar-kunst.de

Inhalt

Erscheint bei der edition bodoni.
ISBN: 978-3-940781-67-3

Abbildungen auf Seite 9, 47, 88, 91, 108, 116
und Umschlag von Dorothea Stockmar

Abbildung auf Seite 37 von Ellen Stockmar

Alle weiteren Abbildungen von Cornelia Nagel

Fotographien der Tuschzeichnungen: Hilke Knoblauch Berlin,
www.hilke-knoblauch.de

Gesamtherstellung: typowerk neuruppin